CB134198

Comida Caseira

RECEITAS Nestlé

Comida Caseira

Mais de 100 receitas clássicas e modernas
criadas e testadas para você

EDITORA ALAÚDE

Agradecimentos

Dizem que o Brasil é um país que acolhe. Foi assim com sabores e culturas de todas as partes. E com a Nestlé, não foi diferente.

Fomos tão bem recebidos durante esses 100 anos que estamos por aqui, que nos tornamos parte desse país tão especial.
E que mistura boa foi essa!

Na mão dos brasileiros, nutrindo diferentes gerações, nossos produtos ganham novas histórias, novos sabores. Tornam-se a alegria da festa, a sobremesa mais querida, o toque especial no prato favorito.

Agradecemos a cada brasileiro por nos receber em sua mesa e, principalmente, em suas memórias.

Sumário

Nossa história

A Nestlé, há 100 anos, nutre os brasileiros com produtos e receitas deliciosas pois acredita que o alimento tem o poder de transformar o presente e o futuro.

Henri Nestlé.

Você consegue imaginar suas lembranças de infância sem um belo pudim de leite, um aniversário sem brigadeiro, um almoço sem estrogonofe? Difícil, não é?

Isso mostra o quanto as receitas mais queridas do Brasil e a história da Nestlé caminham juntas. A Nestlé está há 100 anos no país. Durante esse tempo, desenvolvemos produtos que estão em quase todas as casas brasileiras – e na memória de milhões de nós. Criamos uma conexão forte com nossos consumidores, escutando, apoiando e inspirando pratos que se tornaram referências. Alguns deles você vai encontrar aqui neste livro, prontos para você matar a saudade ou descobrir pela primeira vez.

Esse livro é uma celebração dessa história que continuamos a construir juntos, a cada prato devorado, a cada elogio na mesa. Afinal, sabemos o poder do bom alimento: nutrir, unir pessoas e marcar momentos inesquecíveis.

A Nestlé surgiu para combater as altas taxas de mortalidade infantil do final do século XIX. O nome da empresa vem do sobrenome de um dos seus fundadores, o cientista Henri Nestlé, que em 1867 criou a Farinha Láctea. A empresa de Henri Nestlé se uniu em 1905 com a Anglo-Suisse Condensed Milk Company, fabricante do leite condensado Milkmaid, formando o Grupo Nestlé que conhecemos hoje.

Antes da chegada oficial ao Brasil, a Nestlé já estava por aqui. Os produtos eram importados e muitos ainda hoje são parte da nossa vida, como é o caso do Leite Moça e da Farinha Láctea, que já eram consumidos pelos brasileiros desde final do século XIX. E em 1921, chegamos de vez, com a primeira fábrica da Nestlé no país. Ela ficava – e ainda fica! – na cidade de Araras

(SP) e marcou o início da produção dele, nosso amado Leite Moça, que na época ainda se chamava MilkMaid e já estampava a famosa camponesa suíça no rótulo.

Carregamento de leite fresco chegando na estação ferroviária de Araras junto a fábrica da Nestlé, 1933.

Antigamente o leite condensado não era feito para uso culinário, apesar de sempre ter sido delicioso. É que ele nasceu como uma forma segura de conservar o leite em uma época em que as geladeiras ainda não existiam. Logo as pessoas descobriram que era possível usá-lo em receitas e ele virou um queridinho das donas de casa brasileiras. Tinha só um problema: o nome, em inglês, era difícil de pronunciar. Todo mundo chamava o leite condensado de "o leite da moça". E foi assim que o rótulo passou a estampar o nome que os consumidores mais gostavam de usar.

A verdade é que essa troca entre a empresa e os consumidores sempre foi parte da Nestlé, fosse ouvindo e atendendo aos seus desejos ou ensinando e inspirando as delícias que iam parar na mesa. Uma prova disso são os folhetos como os Almanaques, o Para Mães e as folhinhas do Leite Moça e da Farinha Láctea, que eram distribuídas desde o começo do século XX e continham dicas, fotografias, receitas, anedotas e muito mais.

Sequencial histórico das embalagens de Leite Moça.

Foram nesses folhetos que foram criadas e popularizadas receitas clássicas, que iam do doce de leite ao arroz-doce, creme de ovos e pudins diversos. Essas receitas eram pensadas pela equipe da Nestlé tendo em vista o paladar dos brasileiros e ingredientes comuns por aqui.

São muitos os produtos que fazem parte da família brasileira desde essa época. A Farinha Láctea começou a ser fabricada em 1924. Ela era um complemento para a alimentação infantil e, para contribuir ainda mais com o futuro dos pequenos, a Nestlé lançou uma Cartilha de Alfabetização ilustrada que usava o produto como tema para ensinar. Muita gente aprendeu seus primeiros ABCs assim.

Folhinha do Leite Moça 1920.

Em 1932 chegou a vez do Nescau, que foi criado especialmente ao gosto dos brasileiros. Aliás, na época o cacau se chamada *cacáo*, então originalmente o produto foi batizado de Nescáo (Nestlé + Cacáo) e só depois passou para grafia usada hoje. Com a chegada do achocolatado, já tínhamos tudo em mãos para criar a mais brasileira das iguarias, o brigadeiro, que viraria febre na década de 1940 e que ainda hoje a gente não vive sem.

Pouco depois, em 1935, o Creme de Leite Nestlé também começou a ser produzido no Brasil. Ele passaria a ser indispensável em receitas doces e salgadas, fosse em uma mousse de maracujá ou para transformar um simples picadinho em um arrojado estrogonofe. É que antigamente, o estrogonofe ainda não era um prato tradicional, que a gente encontrava em qualquer lugar. Com o Creme de Leite, os consumidores descobriram que poderiam fazer o prato em casa e impressionar a família e as visitas.

ABC Illustrado da Farinha Láctea, 1928.

A essa altura, a Nestlé já fazia Leite Moça, Farinha Láctea e Creme de Leite. Por que o leite em si deveria ficar de fora? Em 1944, o Leite Ninho fazia sua grande estreia no Brasil, primeiro como leite em pó e mais tarde na sua versão instantânea – mas sempre carregando no nome o símbolo da nossa marca.

Logomarca Nestlé, 1868.

Nossa logomarca, nosso símbolo

Já reparou que a nossa logomarca é um ninho? Ela foi inspirada no brasão da família de Henri Nestlé, cujo sobrenome significa (adivinha!) "ninho" em alemão. Além do ninho em si, a logo contém uma mamãe passarinho alimentando seus filhotes, representando o quanto a história da marca está relacionada à nutrição das famílias. Ao longo dos anos, o desenho foi se modificando e simplificando. Originalmente havia dois filhotes de passarinho e a mãe trazia uma minhoca na boca. Os detalhes mudaram, mas o significado continua o mesmo: cuidado, nutrição, carinho. Tudo que faz bem.

Uma história que pouca gente conhece é que o famoso Nescafé surgiu como uma solução para um problema nacional: a crise do café de 1929. A Nestlé desenvolveu um produto que conservava o café e evitava a queima dos estoques excedentes. Mais tarde, em 1969, o Nescafé foi para a lua! É que ele compunha o cardápio dos astronautas da Apollo 11.

A televisão chegou para ajudar a nos comunicar ainda melhor nos anos 1950. Os primeiros comerciais da Nestlé era de Leite Moça, Nescau, Nescafé e Leite Ninho. Alguns deles inclusive ensinavam receitas completas. O primeiro deles? Ninguém menos que o famoso pudim de leite.

Além da TV, as receitas da Nestlé começaram a se espalhar de novas formas. Uma delas era o rótulo das embalagens. Nos anos 1960, o Leite Moça começou a trazer receitas na íntegra, começando pelo pudim e doce de leite. Recortar e colecionar virou tradição.

Rótulo Leite Moça, 1962.

Anúncio da chegada dos chocolates Nestlé no Brasil, 1959.

Outro ingrediente que não podia faltar na nossa história é o chocolate. Fora do Brasil, a Nestlé já era famosa por suas barras e pastilhas, que também eram importadas para cá. No fim dos anos 1950, começou a produção nacional, com produtos que você conhece muito bem, como o bombom Alpino e o Chocolate em pó, mais conhecido como Chocolate dos Padres – uma unanimidade em bolos, mousses, pavês e tortas de todo o país. Logo depois, nos anos 1960, vieram o Prestígio, inspirado na popular cocada brasileira, e o Galak, primeiro chocolate branco feito no Brasil.

A família de chocolates cresceu mais e mais com o passar do tempo e, em 2002, com a aquisição da Garoto, a Nestlé se tornou responsável por mais uma marca que está no coração dos brasileiros.

Os garotos da bala

A marca da primeira caixa de bombons sortidos do Brasil não ganhou seu nome à toa. É que lá no início de tudo, em Vila Velha (ES), os produtos eram vendidos por garotos nos pontos de bonde. Quem queria adoçar a boca procurava pelas "balas dos garotos" e assim o nome acabou pegando.

Fotografia aérea da Fábrica da Garoto, 2002.

Cartaz de Maggi, 1964.

Dá para ver que quando o assunto é sobremesa, a Nestlé sempre fez bonito. Mas não pense que deixamos de cuidar das comidas salgadas. Em 1962, a marca Maggi chegou ao Brasil para facilitar a vida dos consumidores com seus condimentos, sopas e caldos instantâneos. O sabor de sopas, molhos, risotos e cozidos nunca mais seria o mesmo. Aliás, a praticidade do instantâneo virou moda e inspirou novos produtos.

Das galerias de arte para a embalagem

Sabia que a figura dos padres que estampa a caixa foi inspirada em uma obra de arte? O quadro original é do pintor italiano Alessandro Sani e já ilustrava dois frades se deliciando enquanto cozinham – o inusitado é que o que eles preparavam não era chocolate, e sim um frango! A imagem foi adaptada por Mario Gardano. O resto é história.

Quadro do pintor italiano Alessandro Sani, final do século XIX.

Ao longo dos anos, a Nestlé encontrou cada vez mais formas de estar na sua vida. Na década de 1980, marcas como Suflair, Surpresa, Charge, Negresco, Chandelle e Especialidades Nestlé foram lançadas. Todas elas vieram fazer a alegria dos consumidores nesse curto espaço de tempo.

Crunch (antigo Kri), Kit Kat, Chamyto e Passatempo são marcas que chegaram nos anos 1990. No último ano da década, foi iniciado um programa que teria dado muito orgulho a Henri Nestlé, que sempre prezou pela nutrição infantil: o Programa Nestlé Nutrir, que hoje foi reformulado e se chama Nestlé por Crianças Mais Saudáveis. O objetivo do projeto é combater a desnutrição e a obesidade infantil através da educação.

Cartaz do Chokito, 1971.

Chocolate tipo exportação

Está pensando que o Chokito só existia no Brasil? O bombom de leite condensado caramelizado com flocos crocantes e coberto com o delicioso chocolate Nestlé foi criado aqui e deu tão certo que foi adaptado para o Chile, onde foi rebatizado de Chokiño. Foi primeiro chocolate a ser exportado pela Nestlé Brasil.

Bom, nos últimos 100 anos muita coisa mudou. Mas outras sempre serão as mesmas. Escutar as vontades e opiniões dos consumidores nunca saiu de moda para Nestlé. Abrimos muitos outros canais para a gente se comunicar, seja pelo site, por e-mail ou telefone, seja pelas redes sociais.

A vontade de dividir boas receitas também continua igual, e sempre será assim. Se antes existiam as folhinhas e os almanaques, hoje descobrimos temos mais uma forma de inspirar as comidas que estão no seu dia a dia: o Receitas Nestlé. Além das famosas receitas no verso das embalagens, criamos uma iniciativa digital formada por ações nas redes sociais e um site para escolher suas favoritas, salvar na sua lista e também assistir a programas em vídeo. Sejam dicas para quem está apenas começando, sejam ideias de uma cozinheira de mão cheia ou até conselhos de um chef profissional, tem receitas para todos os gostos.

Neste livro, reunimos algumas das nossas favoritas para você. Afinal, que jeito melhor de comemorar nosso centenário do que passando adiante a tradição de unir pessoas através da comida? Porque a nossa história só faz sentido quando ela faz parte da sua. Quando através das suas mãos os ingredientes se transformam em ocasiões especiais, em gestos de carinho, em sorrisos.

Esperamos que essas sejam as receitas que relembraremos com saudade daqui a dez, cinquenta, cem anos. Afinal, nesse último século, isso foi o que mais amamos fazer: criar junto com você, na cozinha, os momentos de que todos vão se lembrar.

RECEITAS
Nestlé

WWW.RECEITASNESTLE.COM.BR

O destino ideal para quem ama se inspirar
e fazer receitas maravilhosas

Além de receitas você encontra:

Foodlists temáticas onde sugerimos receitas deliciosas e você também pode criar a sua!

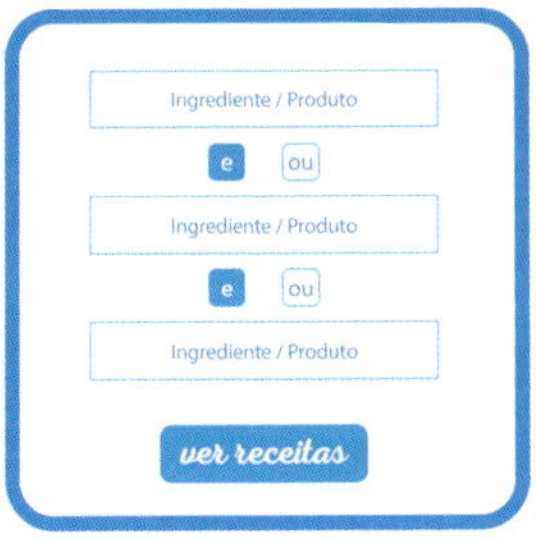

A ferramenta "O que tem em casa?" te ajuda a aproveitar os ingredientes que você tem na geladeira para inovar nas receitas do dia-a-dia.

Vídeos com **passo-a-passo** das receitas e programas de entretenimento.

BLOG RECEITAS NESTLÉ

O Blog tem sempre matérias fresquinhas e selecionadas para você!

E além disso, você pode nos acompanhar na sua **rede social** favorita e nas **embalagens** dos seus produtos queridinhos!

Para começar bem o dia

Pão de aveia com linhaça

Preparo
2 horas e 10 minutos

Rendimento
2 pães

Ingredientes

- 1 xícara (chá) de NESTLÉ® Aveia em Flocos
- 100 g de manteiga
- meia xícara (chá) de mel
- 1 colher (sopa) de sal
- 3 tabletes de fermento biológico (45 g)
- 2 ovos
- 5 xícaras (chá) de farinha de trigo
- 3 colheres (sopa) de sementes de linhaça

Preparo

1. Em uma panela, ferva 2 xícaras (chá) de água.
2. Junte a NESTLÉ® Aveia, a manteiga, o mel e o sal.
3. Deixe amornar e acrescente o fermento biológico já dissolvido em meia xícara (chá) de água morna.
4. Adicione os ovos, a farinha de trigo e a linhaça, misturando bem.
5. Coloque a massa em um recipiente, cubra com plástico-filme e deixe descansar em lugar aquecido, até dobrar de volume (cerca de 30 minutos).
6. Sove a massa com a ponta dos dedos por cerca de 5 minutos para remover o ar.
7. Se necessário, coloque mais farinha, apenas para poder modelar os pães (a consistência da massa deve ser elástica e mole).
8. Divida em duas partes e modele os pães em uma superfície lisa, limpa e bem enfarinhada. Coloque os pães em duas formas para bolo inglês (22 cm × 9 cm × 6 cm) untadas com manteiga, cubra novamente com um pano e deixe crescer por mais 30 minutos.
9. Leve ao forno médio-alto (200°C), preaquecido, por aproximadamente de 40 minutos.

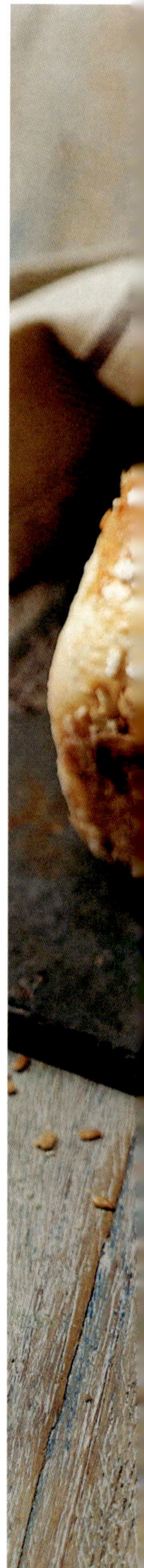

Dicas **1.** Se desejar, pincele manteiga e espalhe NESTLÉ® Aveia em Flocos sobre o pão ainda quente. **2.** Se desejar, substitua as sementes de linhaça por 2 colheres (sopa) de sementes de papoula ou castanhas-de-caju picadas.

Chocolate quente cremoso

Preparo
10 minutos

Rendimento
6 porções

Ingredientes

- 2 xícaras (chá) de Leite Líquido NINHO® Forti+ Integral
- 3 colheres (sopa) de NESTLÉ® DOIS FRADES® Chocolate em Pó 50%
- 4 colheres (sopa) de açúcar
- 1 pedaço de canela em pau
- 1 caixinha de NESTLÉ® Creme de Leite

Preparo

1. Em um liquidificador, bata o Leite NINHO® com o NESTLÉ® DOIS FRADES® Chocolate em Pó 50% e o açúcar.
2. Despeje em uma panela com a canela em pau e leve ao fogo baixo, mexendo sempre até ferver.
3. Desligue, adicione o NESTLÉ® Creme de Leite e mexa bem até ficar homogêneo.
4. Retire a canela e sirva quente.

Dica Se desejar, acrescente 2 cravos-da-índia, ou ainda raspas da casca de laranja.

Pão de queijo caseiro

Preparo
1 hora

Rendimento
100 unidades

Assista ao vídeo da receita

Ingredientes

1 e meia xícara (chá) de Leite Líquido NINHO® Forti+ Integral
1 colher (sopa) de MAGGI® Fondor
meia xícara (chá) de óleo
meio quilo de polvilho doce
2 ovos ligeiramente batidos
3 xícaras (chá) de queijo meia cura ralado

Preparo

1 Em uma panela, ferva o Leite NINHO® com o MAGGI® Fondor e o óleo.
2 Em um recipiente, coloque o polvilho e escalde-o, com o auxílio de uma colher de cabo longo, com a mistura fervente.
3 Acrescente os ovos, alternando com o queijo e sovando bem após cada adição.
4 Unte as mãos com óleo e enrole bolinhas de 2 cm de diâmetro.
5 Coloque-as em uma assadeira untada com óleo.
6 Leve ao forno médio (180°C), preaquecido, por cerca de 30 minutos ou até dourar. Sirva.

Dicas **1.** O polvilho doce pode ser substituído pela mesma quantidade de polvilho azedo **2.** Se quiser, faça bolinhas e congele-as em recipiente aberto. Depois de congeladas, coloque-as em sacos plásticos para uso culinário e deixe por até 3 meses em freezer. Para descongelar, asse em forno preaquecido.

Bolinho de chuva simples

Preparo
30 minutos

Rendimento
30 unidades

Ingredientes

1 xícara (chá) de Leite Líquido NINHO® Forti+ Integral
2 ovos
2 xícaras (chá) de farinha de trigo
1 colher (sopa) de fermento em pó
óleo para fritar
açúcar e canela em pó para polvilhar

Preparo

1. Em um recipiente, misture o Leite NINHO® com os ovos. Adicione a farinha de trigo e o fermento em pó e misture bem até obter uma massa homogênea.
2. Aqueça o óleo em uma panela pequena. Com o auxílio de 2 colheres, porcione pequenas quantidades de massa e despeje-as no óleo quente. Deixe fritar até que os bolinhos estejam ligeiramente dourados.
3. Escorra-os em papel absorvente e passe-os no açúcar e canela em pó. Sirva a seguir.

Crepioca doce e salgada

Preparo
15 minutos

Rendimento
2 unidades

Ingredientes

Massa
2 ovos
2 colheres (sopa) de tapioca hidratada
2 colheres (sopa) de Leite em Pó MOLICO® Desnatado
1 pitada de sal

Recheio Salgado
para 1 unidade:
2 colheres (sopa) de queijo branco ralado
1 fatia de tomate
1 pitada de orégano

Recheio Doce
para 1 unidade:
3 colheres (chá) de geleia de morango sem açúcar
amêndoas em lascas, levemente tostadas

Assista ao vídeo da receita

Dica Caso queira fazer apenas 1 dos recheios, o doce ou o salgado, será necessário dobrar os ingredientes.

Preparo

1 Em um recipiente, misture todos os ingredientes da massa até ficar homogêneo.
2 Aqueça em fogo baixo uma frigideira média, untada com um pouco de azeite, e coloque uma porção da massa, cobrindo todo o fundo.
3 Espere firmar a massa e depois vire-a para dourar do outro lado.
4 Adicione o recheio de sua preferência na metade da crepioca e dobre a outra metade, cobrindo o recheio. Sirva a seguir.

Vitamina de abacate

Preparo 10 minutos

Rendimento 1 porção

Ingredientes

meio abacate pequeno maduro
1 folha pequena de couve
2 colheres (sopa) de Leite em Pó MOLICO® Desnatado
1 colher (chá) de mel

Preparo

Em um liquidificador, bata todos os ingredientes com 1 xícara (chá) de água até ficar homogêneo. Sirva.

Ovo mexido

Preparo 5 minutos

Rendimento 2 porções

Ingredientes

2 ovos batidos
4 colheres (sopa) de Leite em Pó MOLICO® Desnatado
1 pitada de sal
1 pitada de orégano
meia colher (sopa) de óleo

Preparo

1 Em um prato fundo, bata ligeiramente os ovos com o Leite MOLICO®, o sal e o orégano.
2 Em uma frigideira, aqueça o óleo, junte os ovos e deixe cozinhar mexendo sempre por cerca de 3 minutos. Sirva a seguir.

Dica Sirva com torradinhas de pão integral.

Dica Sirva as panquecas com geleia ou mel.

Panquecas americanas

Preparo 15 minutos

Rendimento 6 porções

Ingredientes

1 ovo
2 colheres (sopa) de óleo
1 caixinha de NESTLÉ® Creme de Leite
meia xícara (chá) de farinha de trigo
1 colher (sopa) de fermento em pó

Preparo

1 Em um liquidificador, bata o ovo com o óleo e o NESTLÉ® Creme de Leite.
2 Acrescente a farinha de trigo e o fermento e bata até ficar homogêneo.
3 Em uma frigideira untada com óleo, despeje porções de massa no centro, sem espalhar.
4 Quando começar a formar furinhos na superfície, vire a panqueca e deixe dourar do outro lado. Coloque em um prato e faça o mesmo com restante da massa. Sirva.

Beliscão

Preparo
1 hora

Rendimento
150 unidades

Ingredientes

Massa
1 lata de NESTLÉ® Creme de Leite
1 xícara (chá) de açúcar
3 e meia xícaras (chá) de farinha de trigo
100 g de manteiga

Recheio
180 g de goiabada
meia xícara (chá) de açúcar

Preparo

Massa
1 Em um recipiente, misture o NESTLÉ® Creme de Leite, o açúcar, a farinha de trigo e a manteiga.
2 Cubra com plástico-filme e deixe descansar por 30 minutos.

Recheio
3 Corte a goiabada em retângulos finos.
4 Abra a massa em uma superfície lisa e enfarinhada, cortando-a em círculos com o auxílio da borda de um copo pequeno ou cortador.
5 Coloque um pedacinho de goiabada no centro e dobre a massa, unindo as duas pontas opostas.
6 Arrume-os em forma e leve ao forno médio-alto (200°C), preaquecido, por cerca de 30 minutos ou até ficarem ligeiramente dourados.
7 Retire do forno e polvilhe com o açúcar.

Dica Não coloque pedaços muito grandes de goiabada em cada porção de massa. Caso isso ocorra, a goiabada, ao derreter, pode grudar na forma.

Pão de tapioca

Preparo
50 minutos

Rendimento
25 unidades

Ingredientes

1 e meia xícara (chá) de Leite Líquido NINHO® Forti+ Integral
4 colheres (sopa) de óleo
1 envelope de MAGGI® Tempero e Sabor Massas e Molhos
150 g de tapioca granulada
1 ovo
1 xícara (chá) de queijo parmesão ralado grosso
meia xícara (chá) de polvilho doce

Para Finalizar

queijo parmesão ralado grosso, para polvilhar

Preparo

1 Em uma panela coloque o Leite NINHO®, o óleo e o MAGGI® Tempero e Sabor e leve para ferver.
2 Em um recipiente coloque a tapioca e regue com a mistura fervente, mexendo sempre até esfriar (forma uma espécie de goma).
3 Acrescente o ovo, o queijo parmesão e o polvilho doce e misture bem.
4 Com as mãos umedecidas, pegue pequenas porções da massa, faça bolinhas e polvilhe o queijo parmesão.
5 Em uma assadeira grande antiaderente, coloque as bolinhas e leve ao forno médio (180°C), preaquecido, por cerca de 30 minutos, ou até que estejam douradas. Sirva a seguir.

Bolo de chocolate com calda (Bolo Peteleco)

Preparo
40 minutos

Rendimento
28 porções

Ingredientes

Massa
3 xícaras (chá) de farinha de trigo
2 xícaras (chá) de açúcar
1 xícara (chá) de NESTLÉ® DOIS FRADES® Chocolate em Pó 50%
1 colher (chá) de fermento em pó
1 colher (chá) de bicarbonato de sódio
1 xícara (chá) de óleo
2 ovos

Calda
6 colheres (sopa) de açúcar
2 colheres (sopa) de NESTLÉ® DOIS FRADES® Chocolate em Pó 50%
1 colher (chá) de raspas da casca de laranja
1 colher (chá) de manteiga

Assista ao vídeo da receita

Preparo

Massa

1 Em um recipiente, misture a farinha de trigo, o açúcar, o NESTLÉ® DOIS FRADES® Chocolate em Pó 50%, o fermento em pó e o bicarbonato de sódio peneirados.
2 Junte o óleo, os ovos e 2 xícaras (chá) de água fervente, misturando bem.
3 Despeje a massa em uma assadeira retangular (22 cm × 33 cm), untada com óleo e polvilhada com farinha de trigo, e leve ao forno médio-alto (200°C), preaquecido, por cerca de 25 minutos ou até que um palito, depois de espetado na massa, saia limpo. Reserve.

Calda

4 Em uma panela pequena, misture todos os ingredientes com meia xícara (chá) de água e leve ao fogo baixo, deixando ferver até obter uma calda grossa.
5 Retire do fogo e espalhe sobre o bolo ainda quente.
6 Deixe-o esfriar, corte em quadrados e sirva.

Bolo de banana com farelo de aveia sem glúten

Preparo
35 minutos

Rendimento
8 porções

Ingredientes

2 ovos
2 colheres (sopa) de óleo
2 bananas-nanicas maduras amassadas
2 colheres (sopa) de nozes tostadas e picadas
8 colheres (sopa) de NESTLÉ® Farelo de Aveia Orgânica e Sem Glúten
meia colher (sopa) de canela em pó
1 colher (sopa) de fermento em pó

Preparo

1. Em um recipiente, bata os ovos com o óleo. Acrescente as bananas e misture até ficar homogêneo.
2. Adicione o restante dos ingredientes, deixando o fermento em pó por último.
3. Em uma forma de furo central (19 cm de diâmetro), untada com óleo e polvilhada com farelo de aveia e canela em pó, despeje a massa e asse em forno médio (180°C), preaquecido, por cerca de 25 minutos.

O basicão do dia a dia

Arroz básico

Preparo
40 minutos

Rendimento
4 porções

Assista ao vídeo da receita

Ingredientes

1 colher (sopa) de óleo
meia cebola pequena picada
1 dente de alho pequeno picado
1 e meia xícara (chá) de arroz
1 colher (sopa) de MAGGI® Fondor

Preparo

1 Em uma panela, aqueça o óleo e refogue a cebola e o alho até que estejam transparentes.
2 Junte o arroz e refogue bem até ficar brilhante. Adicione o MAGGI® Fondor e 3 xícaras (chá) de água fervente e misture bem.
3 Abaixe o fogo, tampe parcialmente a panela e deixe cozinhar até o arroz secar. Para ter certeza que a água secou, com o auxílio de um garfo, arraste um pouco do arroz para ver se ainda tem água no fundo da panela.
4 Desligue o fogo, tampe a panela por mais 5 minutos para que o arroz termine o cozimento em seu próprio vapor.

Congelamento

Congele o arroz embalado e etiquetado. Leve ao freezer por até 3 meses. Para descongelar, deixe-o de véspera em geladeira.

Dicas 1. Refogue o arroz até que ele fique "sequinho". Esse é o segredo para ter um arroz soltinho. **2.** Cada xícara (chá) de arroz cru rende cerca de 2 xícaras (chá) de arroz cozido ou cerca de 4 porções. **3.** Você pode substituir o MAGGI® Fondor por 1 stick de MAGGI® Meu Segredo ou 1 tablete de MAGGI® Caldo de Galinha.

Feijão completo

Preparo
4 horas

Rendimento
12 porções

Ingredientes

meio quilo de feijão cru
1 folha de louro
meio gomo de linguiça calabresa defumada
meia colher (sopa) de óleo
meia cebola ralada
2 dentes de alho picados
meia colher (sopa) de sal
2 envelopes de MAGGI® Tempero e Sabor Feijão

Preparo

1 Escolha os grãos de feijão, eliminando pedrinhas, grãos quebrados e palhas.
2 Lave-os em água corrente e deixe-os de molho por cerca de 3 horas.
3 Escorra a água e cozinhe-os em uma panela de pressão, juntamente com a folha de louro e a linguiça, cobertos com água (aproximadamente 2 litros) por cerca de 30 minutos, após pegar pressão.
4 Desligue a panela e espere sair toda a pressão.
5 Retire a linguiça, corte em rodelas finas e reserve.
6 Em uma panela, aqueça o óleo e refogue a cebola e o alho.
7 Adicione o sal, junte 1 concha do feijão cozido, amasse-o e retorne à panela, junto com a linguiça reservada.
8 Coloque o MAGGI® Tempero e Sabor, deixe engrossar e sirva.

Assista ao vídeo da receita

Farofa rápida com farinha de milho

Preparo
20 minutos

Rendimento
4 porções

Ingredientes

- 50 g de bacon em cubos pequenos
- 1 cebola grande em fatias
- 1 cenoura ralada
- 1 tomate grande, sem sementes, picado
- 1 stick de MAGGI® Meu Segredo
- 1 xícara (chá) de farinha de milho
- 1 ovo cozido, picado
- 2 colheres (sopa) de salsa picada

Preparo

1. Em uma panela, frite o bacon em sua própria gordura e refogue a cebola. Adicione a cenoura, o tomate e refogue rapidamente para que não amoleçam demais, e forme uma mistura úmida.
2. Adicione o MAGGI® Meu Segredo, a farinha de milho e o ovo e mexa até ficar dourada.
3. Polvilhe a salsa e sirva a seguir.

Dica Você pode substituir a farinha de milho por farinha de mandioca.

Dica **1.** Se desejar, acrescente 1 pitada de noz-moscada ao molho depois de pronto.
2. A proporção de manteiga e farinha de trigo é sempre de 1:1.

Molho branco simples

Preparo
15 minutos

Rendimento
6 porções

Ingredientes

2 colheres (sopa) de manteiga
2 colheres (sopa) de farinha de trigo
500 ml de Leite Líquido NINHO® Forti+ Integral
1 lata de NESTLÉ® Creme de Leite
1 colher (chá) de sal

Preparo

1. Em uma panela funda, aqueça a manteiga em fogo baixo.
2. Quando começar a derreter, junte a farinha de trigo e deixe dourar, mexendo sempre.
3. Quando adquirir a consistência de massa, coloque o Leite NINHO® aos poucos, misturando vigorosamente para não formar grumos.
4. Adicione o NESTLÉ® Creme de Leite e o sal e misture bem.
5. Aqueça sem deixar ferver. Sirva a seguir.

Picadinho de carne

Preparo
50 minutos

Rendimento
4 porções

Ingredientes

- meio quilo de coxão mole em cubos pequenos
- 1 colher (sopa) de farinha de trigo
- 1 colher (sopa) de óleo
- 5 tomates maduros, sem pele e sem sementes, picados
- 1 sachê de MAGGI® Caldo em Pó Carne
- 2 batatas em cubos pequenos
- 2 cenouras em cubos pequenos

Preparo

1. Em um recipiente, misture a carne e a farinha de trigo.
2. Em uma panela, aqueça o óleo e doure a carne. Adicione os tomates, o MAGGI® Caldo e 1 e meia xícara (chá) de água fervente.
3. Cozinhe, com a panela tampada, em fogo médio, por cerca de 20 minutos, mexendo sempre.
4. Junte as batatas e as cenouras e cozinhe por cerca de 20 minutos ou até que estejam macias. Sirva.

Dicas **1.** Sirva com arroz branco ou pão francês **2.** Se desejar, substitua os tomates--cereja por tomates sem sementes picados.

Ovo frito perfeito com tomates

Preparo
15 minutos

Rendimento
4 porções

Ingredientes

4 ovos
meia colher (sopa) de MAGGI® Fondor
1 xícara (chá) de tomate-cereja

Preparo

1 Em uma frigideira média aqueça 1 fio de óleo e quebre cuidadosamente os ovos, um a um.
2 Polvilhe metade do MAGGI® Fondor, tampe e deixe cozinhar por cerca de 3 minutos ou até os ovos estarem cozidos. Reserve.
3 Na mesma frigideira, coloque os tomates-cereja, o restante do MAGGI® Fondor e refogue rapidamente. Sirva acompanhado dos ovos reservados.

Carne moída suculenta

Preparo
30 minutos

Rendimento
4 porções

Ingredientes

1 colher (sopa) de óleo
1 cebola média picada
1 dente de alho picado
400 g de carne moída
1 envelope de MAGGI® Tempero e Sabor Carnes
1 pitada de sal
2 tomates, sem sementes, picados
2 colheres (sopa) de azeitonas verdes picadas
1 ovo cozido picado

Preparo

1 Em uma panela média, aqueça o óleo e refogue a cebola e o alho. Junte a carne e refogue por cerca de 10 minutos ou até que seque todo o líquido. Use um garfo para ir amassando os grumos que forem se formando, e ir "soltando" a carne.
2 Com a carne já sequinha acrescente o MAGGI® Tempero e Sabor, o sal e os tomates e refogue até murchar.
3 Junte as azeitonas, o ovo e misture delicadamente. Sirva.

Dica Se desejar acrescente legumes, como cenoura, abóbora, batata ou mandioquinha.

Dica Se desejar, substitua metade das batatas pela mesma quantidade de batata-doce, cenoura ou mandioquinha.

Purê de batata cremoso

Preparo
25 minutos

Rendimento
4 porções

Ingredientes

meio quilo de batata
2 colheres (sopa) de manteiga
meia xícara (chá) de Leite Líquido NINHO® Forti+ Integral quente
meia colher (sopa) de MAGGI® Fondor

Preparo

1. Descasque as batatas e cozinhe-as em água fervente até que estejam macias.
2. Escorra-as e passe-as pelo espremedor enquanto ainda estiverem quentes.
3. Em uma panela, coloque a batata espremida, junte a manteiga, o Leite NINHO® e bata vigorosamente com uma colher, até deixar a mistura bem lisa e cremosa.
4. Tempere com o MAGGI® Fondor e continue mexendo em fogo baixo por mais 5 minutos. Sirva a seguir.

Molhos para salada

Preparo 5 minutos

Rendimento 8 porções

Ingredientes

Molho de Azeite

3 colheres (sopa) de vinagre
meia xícara (chá) de azeite
1 envelope de MAGGI® Tempero e Sabor Legumes

Molho de Mostarda

2 colheres (sopa) de mostarda
meia xícara (chá) de azeite
1 sachê de MAGGI® Meu Segredo
1 colher (sopa) de vinagre

Molho Rosê

1 caixinha de NESTLÉ® Creme de Leite
meia colher (sopa) de MAGGI® Fondor
1 pitada de açúcar
meia colher (sopa) de mostarda

Preparo

Molho de Azeite
Em um recipiente, misture bem todos os ingredientes até formar uma mistura homogênea.

Molho de Mostarda
Em um recipiente, misture bem todos os ingredientes até formar uma mistura homogênea.

Molho Rosê
Em um recipiente, misture bem todos os ingredientes até formar uma mistura homogênea.

Sirva os molhos com a salada de sua preferência.

Filé de frango grelhado

Preparo
50 minutos

Rendimento
4 porções

Dica Caso deseje preparar esta receita em frigideira, aqueça 2 colheres (sopa) de manteiga para que não grude.

Ingredientes

meio quilo de filé de frango
2 colheres (sopa) de suco de limão
1 colher (sopa) de MAGGI® Fondor

Preparo

1. Em um recipiente, tempere os filés com o suco de limão e o MAGGI® Fondor.
2. Deixe tomar gosto por 30 minutos.
3. Em uma grelha, coloque os filés de frango e deixe dourar dos dois lados. Sirva a seguir.

Bife acebolado

Preparo 20 minutos **Rendimento** 4 porções

Ingredientes

meio quilo de bife de contrafilé
1 colher (sopa) de MAGGI® Gril
2 colheres (sopa) de manteiga
2 cebolas em rodelas
1 colher (sopa) de vinagre
4 colheres (sopa) de NESTLÉ® Requeijão Tradicional Cremoso

Preparo

1 Em um recipiente, tempere os bifes com o MAGGI® Gril.
2 Em uma frigideira grande, derreta a manteiga e doure os bifes dos dois lados, em fogo alto, aos poucos, para não juntar suco. Reserve-os, mantendo-os aquecidos.
3 Na mesma frigideira, junte a cebola, o vinagre e refogue bem até que as cebolas murchem.
4 Acrescente o NESTLÉ® Requeijão e despeje esta mistura sobre os bifes reservados. Sirva.

Dicas **1.** A frigideira, chapa ou grelha deve estar bem quente para selar a carne, evitando a perda dos sucos internos e tornando-a macia e suculenta. **2.** Coloque o bife na frigideira e deixe dourar de um lado. Quando atingir o ponto desejado, vire o bife e deixe dourar mais alguns minutos. O ideal é que o bife seja virado apenas uma vez. **3.** Prefira o uso de espátula, pois o garfo fura a carne, o que faz perder os sucos internos.

Sobrecoxas de frango com creme de cebola

Preparo
1 hora e 5 minutos

Rendimento
4 porções

Assista ao vídeo da receita

Ingredientes

600 g de sobrecoxa de frango (4 pedaços)
1 caixinha de NESTLÉ® Creme de Leite
1 pacote de MAGGI® Creme de Cebola

Preparo

1 Em recipientes separados, coloque o NESTLÉ® Creme de Leite e o MAGGI® Creme de Cebola.
2 Passe os pedaços de frango no NESTLÉ® Creme de Leite e em seguida, no MAGGI® Creme de Cebola e distribua em uma assadeira untada com azeite.
3 Cubra com papel-alumínio e leve ao forno médio (180°C), preaquecido, por cerca de 40 minutos.
4 Retire o papel-alumínio e volte ao forno por mais 20 minutos ou até dourar.

Bolo delícia da tarde

Preparo
1 hora e 5 minutos

Rendimento
10 porções

Ingredientes

100 g de manteiga em temperatura ambiente
1 Leite MOÇA® (lata ou caixinha) 395 g
2 ovos
2 xícaras (chá) de farinha de trigo
1 colher (chá) de fermento em pó

Preparo

1 Em uma batedeira, bata a manteiga, junte o Leite MOÇA® em fio e continue batendo até obter uma mistura cremosa.
2 Adicione as gemas, uma por vez, batendo sempre.
3 Desligue a batedeira, junte a farinha de trigo e o fermento em pó.
4 Incorpore delicadamente as claras batidas em neve e coloque em uma forma de bolo inglês (11 cm × 28 cm × 8 cm) untada com manteiga e polvilhada com farinha de trigo.
5 Leve ao forno médio (180°C), preaquecido, por cerca de 40 minutos ou até dourar.

Dicas **1.** Se preferir, utilize coco seco ralado. Deixe-o hidratar previamente em água morna antes de rechear. **2.** Ao fritar a tapioca, não deixe-a dourar pois pode ficar muito ressecada. Assim que a massa ficar unida, deve ser virada. **3.** Você pode incrementar o recheio da tapioca com banana ou queijo coalho ralado ou ainda fazer recheios salgados de sua preferência.

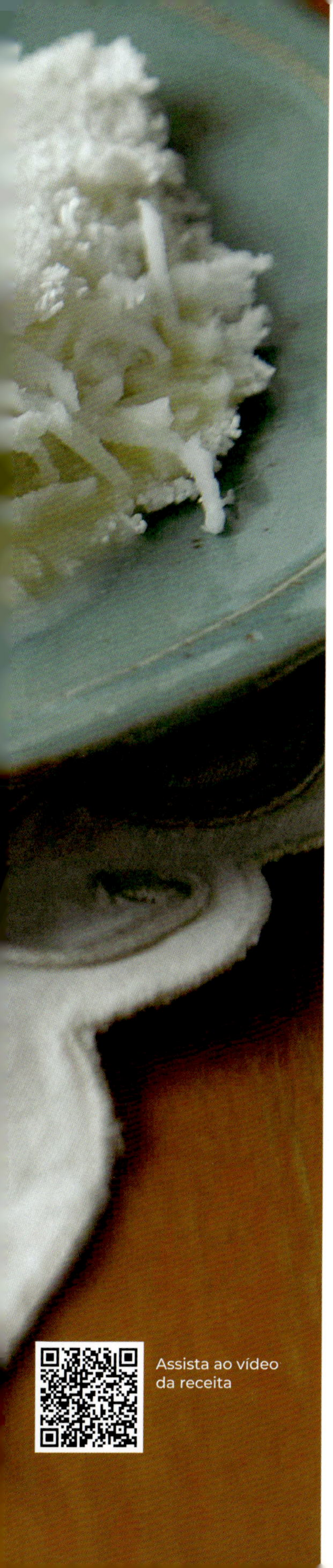

Tapioca clássica com Leite MOÇA® e coco fresco

Preparo
30 minutos

Rendimento
10 unidades

Ingredientes

4 xícaras (chá) de polvilho doce
1 Leite MOÇA® (lata ou caixinha) 395 g
300 g de coco fresco ralado grosso

Preparo

1 Em um recipiente, coloque o polvilho e regue-o aos poucos com 200 ml de água, misturando bem e esfregando-o com as mãos até obter uma farinha granulada, solta e umedecida.
2 Leve uma frigideira antiaderente ao fogo e deixe aquecer. Peneire o polvilho umedecido sobre a frigideira, cobrindo todos os espaços, formando uma camada uniforme semelhante a uma panqueca.
3 Espere a massa ficar unida e vire-a, deixando fritar rapidamente do outro lado.
4 Recheie com o Leite MOÇA® e distribua o coco ralado.
5 Dobre ao meio e sirva a seguir. Repita o processo até terminar a massa.

Assista ao vídeo da receita

Dicas **1.** Os ingredientes secos devem ser peneirados, para ficarem mais finos e serem distribuídos de forma mais uniforme. **2.** O forno deve sempre estar preaquecido, por pelo menos 10 minutos, na temperatura indicada. Se o bolo for assado em uma temperatura muito alta, a massa cresce muito rápido, mas não forma a estrutura que dá sustentação (as bordas ficam altas e o meio afundado). Se a temperatura for muito baixa, a massa não cresce de forma correta e fica "solada". **3.** O forno não deve ser aberto antes da primeira metade do tempo total de cozimento, pois a diferença de temperatura faz o bolo murchar. **4.** Para saber se o bolo já está assado, é só espetar um palito na parte mais alta e central da massa: se o mesmo sair limpo, é sinal que o bolo está assado.

Bolo de chocolate simples

Preparo
1 hora

Rendimento
12 porções

Ingredientes

2 xícaras (chá) de farinha de trigo
1 e meia xícara (chá) de açúcar
1 xícara (chá) de NESTLÉ® DOIS FRADES® Chocolate em Pó 50%
1 colher (sopa) de fermento em pó
meia colher (chá) de bicarbonato de sódio
1 xícara (chá) de óleo
3 ovos

Preparo

1 Em um recipiente, misture a farinha de trigo, o açúcar, o NESTLÉ® DOIS FRADES® Chocolate em Pó 50%, o fermento em pó e o bicarbonato de sódio peneirados.
2 Junte o óleo, os ovos e 2 xícaras (chá) de água fervente, misturando bem.
3 Despeje a massa em uma forma de furo central (24 cm de diâmetro) untada com óleo e polvilhada com farinha de trigo, e leve ao forno médio (180°C), preaquecido, por 40 minutos.

Almoço e jantar

Strogonoff de carne

Preparo 40 minutos
Rendimento 10 porções

Ingredientes

meio quilo de carne em tiras finas (filé mignon, contra-filé, alcatra)
1 pitada de pimenta-do-reino
3 colheres (sopa) de manteiga
meia cebola picada
1 tablete de MAGGI® Caldo de Carne
meia xícara (chá) de conhaque
200 g de champignons em conserva fatiados
3 colheres (sopa) de polpa de tomate
1 colher (sopa) de mostarda
2 colheres (sopa) de ketchup
1 lata de NESTLÉ® Creme de Leite

Preparo

1 Em um recipiente, misture a carne com a pimenta-do-reino.
2 Em uma frigideira grande, derreta 2 colheres (sopa) da manteiga e doure a carne, aos poucos, em fogo alto.
3 Retire a carne e coloque a manteiga restante. Refogue a cebola, junte a carne, acrescente o MAGGI® Caldo e 4 colheres (sopa) de água fervente e mexa bem até dissolver.
4 Despeje o conhaque, espere aquecer e incline levemente a frigideira para que o conhaque incendeie e flambe o strogonoff. Aguarde acabar a chama.
5 Junte os champignons, tampe a frigideira e deixe por alguns minutos. Acrescente a polpa de tomate, a mostarda e o ketchup, misture bem.
6 Abaixe o fogo, deixe por cerca de 5 minutos, com a frigideira tampada.
7 Incorpore delicadamente o NESTLÉ® Creme de Leite e retire do fogo antes de ferver. Sirva.

Dica Se desejar, substitua as tiras de carne por tiras de frango e utilize a mesma quantidade de MAGGI® Caldo de Galinha. Utilize ainda camarrão e MAGGI® Caldo de Legumes.

Assista ao vídeo da receita

Panqueca de carne moída

Preparo
1 hora e 15 minutos

Rendimento
5 porções

Ingredientes

Massa
1 e meia xícara (chá) de Leite Líquido NINHO® Forti+ Integral
1 xícara (chá) de farinha de trigo
1 colher (sopa) de óleo
1 pitada de sal
3 ovos

Recheio
1 colher (sopa) de óleo
meio quilo de carne moída
1 colher (sopa) de MAGGI® Gril
1 colher (sopa) de farinha de trigo
1 tomate sem pele e sem sementes, picado
1 colher (sopa) de azeitonas verdes picadas
1 ovo cozido picado

Molho
meia colher (sopa) de azeite
meia cebola pequena picada
1 dente de alho grande amassado
3 tomates sem sementes, picados
meia xícara (chá) de polpa de tomate
meia xícara (chá) de abóbora picada
1 colher (chá) de sal
10 folhas de manjericão
queijo parmesão ralado para polvilhar

Assista ao vídeo da receita

Preparo

Massa

1 Em um liquidificador, bata o Leite NINHO® com a farinha de trigo, o óleo, o sal e os ovos.
2 Aqueça uma frigideira untada e coloque pequenas porções de massa. Deixe dourar levemente dos dois lados.
3 Repita a operação até terminar a massa. Reserve.

Recheio

4 Em uma panela, aqueça o óleo e junte a carne moída. Tempere com o MAGGI® Gril e refogue bem até ficar soltinha. Junte meia xícara (chá) de água e os demais ingredientes. Cozinhe por alguns minutos para secar o excesso de líquido.

Molho

5 Em uma panela, aqueça o azeite e refogue a cebola e o alho.
6 Junte os tomates, a polpa de tomate, a abóbora e 1 xícara (chá) de água fervente e cozinhe por cerca de 20 minutos com a panela semi tampada.
7 Com o auxílio de um garfo, amasse levemente a abóbora e adicione o sal e o manjericão. Ferva por mais 10 minutos e reserve aquecido.

Montagem

8 Recheie cada panqueca com cerca de 2 colheres (sopa) de recheio e reserve.
9 Em um recipiente refratário, forre o fundo com um pouco do molho. Arrume as panquecas no refratário e cubra com o molho restante.
10 Polvilhe o queijo parmesão ralado e leve ao forno para gratinar.

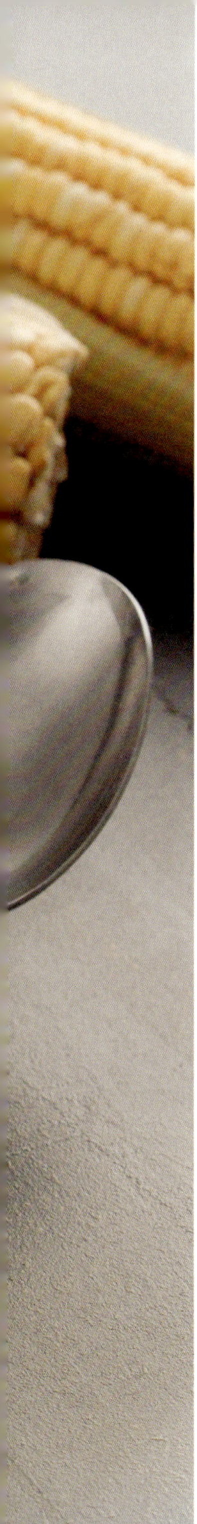

Creme de milho

Preparo
20 minutos

Rendimento
6 porções

Ingredientes

- 1 e meia xícara (chá) de Leite Líquido NINHO® Forti+ Integral
- 1 lata de milho-verde em conserva
- 1 colher (sopa) de manteiga
- meia cebola média ralada
- 2 colheres (sopa) de farinha de trigo
- 1 tablete de MAGGI® Caldo de Galinha
- 1 lata de NESTLÉ® Creme de Leite

Preparo

1. Em um liquidificador, bata o Leite NINHO® com metade do milho-verde e reserve.
2. Em uma panela, aqueça a manteiga e refogue a cebola. Adicione a farinha de trigo e mexa rapidamente. Deixe dourar ligeiramente, misture o milho batido com o leite, o MAGGI® Caldo e o milho-verde restante. Mexa até dissolver completamente e cozinhe por cerca de 10 minutos em fogo baixo ou até tomar consistência, mexendo de vez em quando.
3. Acrescente o NESTLÉ® Creme de Leite, misture bem e desligue o fogo. Sirva a seguir.

Dica Se desejar, substitua a lata de milho--verde em conserva por 2 espigas de milho.

Canja de galinha completa

Preparo
1 hora

Rendimento
6 porções

Ingredientes

meia colher (sopa) de óleo
1 cebola picada
1 talo de salsão picado
1 peito de frango
2 tomates, sem pele e sem sementes
3 tabletes de MAGGI® Caldo de Galinha
2 cenouras picadas
2 batatas picadas
1 xícara (chá) de arroz
2 colheres (sopa) de salsa picada

Preparo

1 Em uma panela, aqueça o óleo e refogue, a cebola e o salsão.
2 Acrescente o peito de frango e deixe dourar.
3 Junte os tomates e deixe cozinhar até que comecem a se desmanchar.
4 Adicione 1 litro e meio de água, os tabletes de MAGGI® Caldo, as cenouras e as batatas. Deixe cozinhar por cerca de 15 minutos.
5 Junte o arroz e deixe no fogo baixo, por cerca de 15 minutos ou até que esteja cozido.
6 Retire o peito de frango, espere esfriar um pouco e desfie-o.
7 Junte o frango desfiado e sirva a canja polvilhada com a salsa.

Congelamento
Se desejar, congele a sopa embalada e etiquetada. Leve ao freezer por até 3 meses. Para descongelar, deixe-a de véspera em geladeira.

Almôndegas de carne ao molho

Preparo
25 minutos

Rendimento
4 porções
(16 almôndegas)

Ingredientes

300 g de carne moída
1 ovo
meia xícara (chá) de farinha de rosca
1 dente de alho amassado
1 pitada de pimenta-do-reino
2 envelopes de MAGGI® Tempero e Sabor Carnes
1 colher (sopa) de azeite
meia cebola picada
2 tomates sem sementes, picados
1 xícara (chá) de abóbora sem casca, em cubos pequenos
1 pitada de sal

Preparo

1 Em um recipiente misture a carne, o ovo, a farinha de rosca, o alho, a pimenta-do-reino, 1 envelope de MAGGI® Tempero e Sabor e mexa até formar uma massa homogênea.
2 Modele as almôndegas com as mãos e reserve.
3 Em uma panela aqueça o azeite e doure a cebola. Junte os tomates, a abóbora, o sal, o MAGGI® Tempero e Sabor restante e 1 xícara (chá) de água quente e deixe ferver por cerca de 10 minutos.
4 Enquanto isso aqueça uma frigideira com 1 fio de azeite e doure as almôndegas reservadas.
5 Coloque o molho sobre as almôndegas, tampe e leve ao fogo médio até que estejam cozidas (cerca de 8 minutos). Sirva a seguir.

Assista ao vídeo da receita

Arroz de forno integral com frango

Preparo
1 hora e 10 minutos

Rendimento
8 porções

Ingredientes

1 xícara (chá) de arroz integral
1 cebola pequena picada
1 dente de alho amassado
350 g de peito de frango em cubos
1 lata de milho-verde escorrido
1 abobrinha ralada
meia xícara (chá) de pimentão vermelho em cubos

Preparo

2 colheres (sopa) de azeitonas verdes picadas
2 colheres (sopa) de MAGGI® Fondor
2 colheres (sopa) de azeite

1 Em um recipiente, misture bem todos os ingredientes.
2 Distribua a mistura, até a metade de 8 recipientes refratários individuais, cobrindo cada refratário com água, até atingir ⅔ da capacidade.
3 Coloque-os dentro de uma assadeira, cubra com papel-alumínio e leve ao forno médio-alto (200°C), preaquecido, por cerca de 50 minutos, mexendo na metade do tempo.
4 Retire o papel-alumínio e retorne ao forno por mais 10 minutos, ou até secar a água. Sirva a seguir.

Dica Se desejar, utilize o macarrão parafuso ou penne.

Macarrão de panela de pressão com carne

Preparo 20 minutos
Rendimento 8 porções

Ingredientes

1 colher (sopa) de azeite
1 cebola picada
1 dente de alho amassado
200 g de carne em tiras
1 tomate, sem sementes, picado
1 caixa de polpa de tomate
1 pacote de macarrão gravatinha
2 tabletes de MAGGI® Equilibrium Caldo Carne
2 xícaras (chá) de brócolis aferventados
2 colheres (sopa) de queijo parmesão ralado

Preparo

1. Em uma panela de pressão, aqueça o azeite e refogue a cebola e o alho. Junte a carne e deixe dourar. Acrescente o tomate, a polpa de tomate, o macarrão, o MAGGI® Caldo e 2 xícaras (chá) de água.
2. Misture bem, feche a panela e leve ao fogo alto e quando iniciar a pressão, cozinhe por 5 minutos.
3. Desligue o fogo, deixe sair toda a pressão, junte os brócolis e misture bem. Sirva com o queijo parmesão.

Fricassê de frango simples e fácil

Preparo
40 minutos

Rendimento
8 porções

Ingredientes

1 colher (sopa) de azeite
1 cebola picada
2 tomates picados
3 xícaras (chá) de frango cozido e desfiado
1 colher (sopa) de MAGGI® Fondor
1 xícara (chá) de milho-verde em conserva escorrido
1 xícara (chá) de ervilhas frescas
2 colheres (sopa) de manteiga
2 colheres (sopa) de farinha de trigo
2 xícaras (chá) de Leite Líquido NINHO® Forti+ Integral
1 pitada de noz-moscada
1 pitada de pimenta-do-reino
1 caixinha de NESTLÉ® Creme de Leite
meia xícara (chá) de queijo mozarela ralado
2 colheres (sopa) de queijo parmesão ralado
1 xícara (chá) de batata palha

Preparo

1 Em uma panela, aqueça o azeite e refogue a cebola até murchar.
2 Acrescente os tomates, o frango, meia colher (sopa) de MAGGI® Fondor e cozinhe rapidamente para não secar toda a água.
3 Adicione o milho-verde e as ervilhas e misture bem. Reserve.
4 Em outra panela, aqueça a manteiga até derreter, junte a farinha de trigo e mexa, rapidamente para não empelotar, até dourar e formar uma massa.
5 Acrescente o Leite NINHO® aos poucos, sem parar de mexer, a noz-moscada, a pimenta-do-reino e o MAGGI® Fondor restante.
6 Cozinhe, mexendo sempre, por cerca de 10 minutos em fogo baixo ou até a mistura adquirir consistência cremosa.
7 Desligue o fogo e acrescente o NESTLÉ® Creme de Leite.
8 Misture ao frango reservado e transfira para um recipiente refratário médio.
9 Salpique o queijo mozarela e o queijo parmesão e leve ao forno médio (180°C), preaquecido, por cerca de 15 minutos ou até dourar.
10 Coloque a batata palha e sirva.

Legumes assados

Preparo
1 hora e
20 minutos

Rendimento
4 porções

Ingredientes

- 1 beterraba em pedaços pequenos, aferventada
- 1 cenoura em rodelas médias
- 1 batata com casca em palitos pequenos
- 1 cebola em pétalas
- 1 envelope de MAGGI® Tempero e Sabor Legumes
- 2 colheres (sopa) de azeite
- 1 pitada de sal

Preparo

1. Em uma assadeira distribua os legumes, tempere com o MAGGI® Tempero e Sabor e acrescente o azeite e o sal.
2. Misture bem, cubra com papel-alumínio e leve ao forno médio-alto (200°C), preaquecido, por cerca de 30 minutos.
3. Retire o papel-alumínio e asse por mais 40 minutos ou até os legumes estarem cozidos, mas ainda firmes (al dente).

Dica Use os legumes que tiver em casa!

Salada de macarrão parafuso

Preparo
15 minutos

Rendimento
4 porções

Ingredientes

- meio pacote de macarrão tipo parafuso (250 g)
- 1 xícara (chá) de presunto em cubos pequenos
- 1 xícara (chá) de queijo mozarela em cubos pequenos
- 1 tomate grande sem sementes, picado
- 3 colheres (sopa) de azeitonas verdes picadas
- 1 stick de MAGGI® Meu Segredo
- 1 colher (sopa) de azeite

Preparo

1. Em uma panela com água fervente e sal, cozinhe o macarrão até que esteja "al dente".
2. Escorra, passe pela água fria, escorra novamente e transfira para um recipiente.
3. Adicione o presunto, o queijo mozarela, o tomate, as azeitonas, o MAGGI® Meu Segredo e o azeite e misture bem. Leve à geladeira até servir.

Bolinho de arroz simples e frito

Preparo 30 minutos

Rendimento 30 unidades

Assista ao vídeo da receita

Ingredientes

3 ovos
1 stick de MAGGI® Meu Segredo
1 colher (sopa) de salsa picada
1 xícara (chá) de farinha de trigo
2 colheres (sopa) de queijo parmesão ralado
2 xícaras (chá) de arroz cozido
1 colher (sopa) de fermento em pó
óleo para fritar

Preparo

1 Em um recipiente acrescente os ovos, o MAGGI® Meu Segredo, a salsa, a farinha de trigo, o queijo ralado, o arroz e o fermento em pó. Misture bem, até ficar homogêneo.
2 Com o auxílio de 2 colheres (sopa) modele os bolinhos, pingue porções de massa no óleo quente e frite até ficarem bem dourados. Escorra em papel absorvente e sirva a seguir.

Frango de panela de pressão com milho-verde

Assista ao vídeo da receita

Preparo
35 minutos

Rendimento
6 porções

Ingredientes

1 colher (sopa) de azeite
1 dente de alho picado
1 cebola grande em pétalas
1 quilo de coxa e sobrecoxa de frango
3 tomates cortados em quatro
2 espigas de milho-verde em rodelas
meia colher (sopa) de colorau
2 tabletes de MAGGI® Equilibrium Caldo Galinha
2 colheres (sopa) de cheiro-verde

Preparo

1 Em uma panela de pressão, aqueça o azeite e refogue o alho e a cebola. Junte o frango e deixe dourar bem. Adicione os tomates, o milho-verde, o colorau, o MAGGI® Caldo e 1 e meia xícara (chá) de água.
2 Tampe a panela e cozinhe por cerca de 20 minutos, após iniciar a pressão.
3 Retire a pressão, abra a panela cuidadosamente e deixe cozinhar por mais 5 minutos, em fogo baixo, com a panela destampada.
4 Salpique o cheiro-verde e misture bem. Sirva a seguir.

Ninho de legumes e ovo

Preparo
20 minutos

Rendimento
8 unidades

Ingredientes

meia colher (sopa) de azeite
1 cenoura média em tiras finas, aferventadas
2 abobrinhas pequenas em tiras finas
8 ovos
1 stick de MAGGI® Meu Segredo

Preparo

1 Em uma panela, coloque o azeite e arrume as tiras dos legumes em formato de ninho, deixando um espaço no meio.
2 Coloque um ovo no centro de cada ninho, polvilhando o MAGGI® Meu Segredo.
3 Tampe a panela e cozinhe por 5 minutos. Sirva a seguir.

Salada de batata cremosa

Preparo
40 minutos

Rendimento
4 porções

Ingredientes

300 g de batatas-bolinha com casca cortadas ao meio
1 cenoura pequena em cubos
100 g de vagens picadas
1 caixinha de NESTLÉ® Creme de Leite
1 stick de MAGGI® Meu Segredo
meia cebola picada

Preparo

1 Em uma panela cozinhe as batatas e a cenoura por cerca de 15 minutos, após iniciar a fervura. Adicione as vagens e cozinhe por mais 10 minutos, ou até que os legumes estejam macios, mas ainda firmes.
2 Em um recipiente misture o NESTLÉ® Creme de Leite, o MAGGI® Meu Segredo e a cebola. Reserve.
3 Escorra os legumes após o cozimento e misture ao creme reservado. Sirva a seguir.

Frango à passarinho ao forno com batatas

Preparo
1 hora e
20 minutos

Rendimento
8 porções

Ingredientes

1 quilo de frango à passarinho
3 batatas em cubos
2 dentes de alho amassados
2 colheres (sopa) de azeite
3 envelopes de MAGGI® Tempero e Sabor Aves
1 colher (chá) de sal

Preparo

1. Em uma assadeira untada com óleo, misture o frango, as batatas, o alho, o azeite, o MAGGI® Tempero e Sabor e o sal.
2. Cubra com papel-alumínio e leve ao forno médio (180°C), preaquecido, por cerca de 40 minutos.
3. Retire o papel-alumínio e cozinhe por cerca de 30 minutos ou até ficar dourado. Sirva.

Receitas para o fim de semana

Dica **1.** Você pode substituir a carne-seca por carne moída ou linguiça calabresa fresca. **2.** Se preferir, utilize recipientes refratários individuais para montar os escondidinhos.

Escondidinho de carne

Preparo
40 minutos

Rendimento
6 porções

Assista ao vídeo da receita

Ingredientes

Recheio

1 colher (sopa) de azeite
1 cebola média picada
1 dente de alho amassado
meio quilo de carne-seca dessalgada, cozida, limpa e desfiada
2 tomates grandes maduros picados
1 stick de MAGGI® Meu Segredo
1 colher (sopa) de farinha de trigo
2 colheres (sopa) de cebolinha verde picada
1 colher (sopa) de coentro picado

Purê

800 g de mandioca cozida e espremida
1 colher (chá) de sal
meia xícara (chá) de Leite Líquido NINHO® Forti+ Integral fervente
1 lata de NESTLÉ® Creme de Leite

Montagem

2 colheres (sopa) de queijo parmesão ralado

Preparo

Recheio

1. Em uma panela, aqueça o óleo e refogue a cebola e o alho.
2. Acrescente a carne-seca, os tomates e o MAGGI® Meu Segredo, e deixe refogar em panela tampada até que os tomates tenham murchado (cerca de 8 minutos).
3. Junte a farinha de trigo, misture bem e deixe cozinhar por cerca de 5 minutos, para formar uma mistura cremosa.
4. Acrescente a cebolinha e o coentro e reserve.

Purê

5. Em um recipiente, misture a mandioca com o sal e o Leite NINHO®.
6. Acrescente o NESTLÉ® Creme de Leite e misture bem. Reserve.

Montagem

7. Em um recipiente refratário (20 cm × 30 cm), coloque o recheio reservado e cubra com o purê.
8. Polvilhe queijo parmesão e leve ao forno médio (180°C), preaquecido, por cerca de 15 minutos ou até dourar. Sirva a seguir.

Lasanha à bolonhesa

Preparo
1 hora e
30 minutos

Rendimento
12 porções

Assista ao vídeo da receita

Ingredientes

Lasanha
meio quilo de massa para lasanha

Molho bolonhesa
2 colheres (sopa) de óleo
meio quilo de carne moída
1 cebola pequena picada
1 cenoura pequena ralada no ralo fino
meia xícara (chá) de de salsão picado
1 lata de polpa de tomate
2 tabletes de MAGGI® Caldo de Carne

Molho branco
2 colheres (sopa) de manteiga
2 e meia colheres (sopa) de farinha de trigo
500 ml de Leite Líquido NINHO® Forti+ Integral
1 pitada de noz-moscada
1 colher (chá) de sal
1 pitada de pimenta-do-reino
1 caixinha de NESTLÉ® Creme de Leite

Montagem
250 g de queijo mozarela fatiado
2 colheres (sopa) de queijo parmesão ralado

Preparo

Lasanha
1 Cozinhe a massa de acordo com as instruções da embalagem e coloque em um recipiente com água fria até o momento de montar.

Molho bolonhesa
2 Em uma panela, aqueça o óleo e refogue a carne.
3 Junte a cebola, a cenoura, o salsão e deixe refogar até murchar.
4 Acrescente a polpa de tomate e o MAGGI® Caldo dissolvido em 1 xícara (chá) de água quente. Deixe cozinhar por cerca de 10 minutos, ou até apurar o molho. Reserve.

Molho branco
5 Em uma panela, derreta a manteiga, junte a farinha de trigo e deixe dourar. Aos poucos junte o Leite NINHO®, mexendo sempre para não formar grumos.
6 Acrescente a noz-moscada, o sal e a pimenta-do-reino.
7 Quando adquirir consistência cremosa, retire do fogo, acrescente o NESTLÉ® Creme de Leite, misture bem e reserve.

Montagem
8 Em um recipiente refratário (20 cm × 30 cm), coloque uma porção de molho bolonhesa; cubra com uma camada de massa, uma porção de molho branco e coloque o queijo mozarela. Repita as camadas até a borda do recipiente.
9 Finalize com o queijo parmesão ralado e leve ao forno alto (220°C), preaquecido, por cerca de 20 minutos ou até dourar. Sirva.

Costelinha de porco com batatas

Preparo
1 hora

Rendimento
6 porções

Ingredientes

- 1 quilo de costelinhas de porco
- 2 colheres (sopa) de suco de limão
- 2 colheres (sopa) de óleo
- 3 tabletes de MAGGI® Caldo de Bacon
- meio quilo de batatas-bolinha lavadas
- 1 colher (sopa) de extrato de tomate
- 2 colheres (sopa) de salsa picada

Preparo

1. Corte as costelinhas de porco pelas juntas, tempere com o suco de limão e reserve.
2. Em uma panela de pressão, aqueça o óleo em fogo alto e doure as costelinhas. Junte os tabletes de MAGGI® Caldo dissolvidos em 1 xícara (chá) de água fervente, mexa bem e tampe a panela.
3. Deixe cozinhar por cerca de 30 minutos, em fogo médio, após iniciar fervura.
4. Retire do fogo e deixe esfriar para sair a pressão. Abra a panela, junte as batatas, o extrato de tomate, 1 xícara (chá) de água e deixe cozinhar em panela parcialmente tampada até as batatas ficarem macias.
5. Acrescente a salsa e sirva a seguir.

Dica **1.** Dê preferência para a batata Asterix (rosada), ela contêm menos água e mais amido em sua composição. **2.** Quanto menos você misturar a massa quando adicionar a farinha de trigo, mais leve vai ficar o nhoque. **3.** Quando cortar os nhoques, deixe-os espalhados em uma superfície limpa para que eles sequem levemente por fora. Isso ajuda a manter o formato na hora do cozimento. **4.** Sirva com o molho de sua preferência.

Nhoque ao molho de tomate

Preparo 45 minutos

Rendimento 6 porções

Ingredientes

Molho

1 colher (sopa) de azeite
1 cebola pequena picada
4 tomates picados
1 xícara (chá) de polpa de tomate
1 pitada de açúcar
1 colher (chá) de sal

Massa

4 batatas descascadas
1 colher (sopa) de manteiga
meia xícara (chá) de queijo parmesão ralado
2 sachês de MAGGI® Tempero e Sabor Legumes
meia colher (chá) de sal
1 ovo
1 xícara (chá) de farinha de trigo

Preparo

Molho

1 Em uma panela, aqueça o azeite e refogue a cebola e os tomates.
2 Adicione a polpa de tomate, meia xícara (chá) de água, o açúcar e o sal.
3 Cozinhe por cerca de 10 minutos. Reserve.

Massa

4 Em uma panela, cozinhe as batatas em meio litro de água, por cerca de 15 minutos ou até ficarem macias.
5 Amasse-as com um garfo e passe-as por uma peneira ou espremedor.
6 Em um recipiente, coloque as batatas amassadas, a manteiga, o queijo parmesão, o MAGGI® Tempero e Sabor, o sal e o ovo. Misture bem a cada adição e vá adicionando a farinha de trigo até obter consistência de enrolar (trabalhe sempre sobre uma superfície limpa polvilhada com farinha de trigo).
7 Enrole e corte como nhoques.
8 Cozinhe os nhoques em água fervente e retire quando subirem a superfície. Sirva com o molho reservado.

Assista ao vídeo da receita

Frango assado saboroso

Preparo
2 horas e
45 minutos

Rendimento
8 porções

Assista ao vídeo
da receita

Ingredientes

Frango
2 tabletes de MAGGI® Caldo de Galinha
4 dentes de alho amassados
suco de 1 limão
suco de 1 laranja
2 ramos de alecrim
4 colheres (sopa) de molho de soja (shoyu)
1 colher (sopa) de açúcar mascavo
1 frango grande inteiro (cerca de 2 quilos)

Montagem
1 laranja com casca em rodelas
1 cebola grande em pétalas
6 dentes de alho com casca
1 colher (sopa) de manteiga

Preparo

Frango
1. Em um recipiente grande, junte todos os ingredientes com meia xícara (chá) de água.
2. Deixe em geladeira, marinando por cerca de 1 hora, virando de tempos em tempos.

Montagem
3. Em uma assadeira, coloque metade da laranja, a cebola e os dentes de alho.
4. Retire o frango da marinada e coloque-o sobre as laranjas, regue com a marinada e espalhe a manteiga sobre o frango.
5. Coloque o restante das rodelas de laranja sobre o frango, cubra com papel-alumínio e leve para assar em forno médio-alto (200°C), preaquecido, por cerca de 1 hora, regando sempre com o caldo que se forma na assadeira.
6. Retire o papel-alumínio e asse por mais 30 minutos, ou até que esteja dourado. Sirva a seguir.

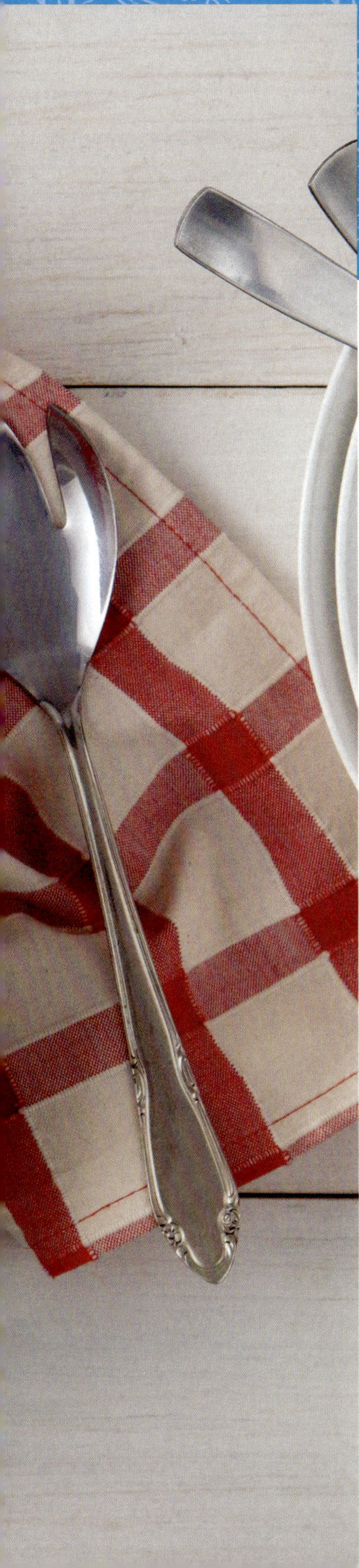

Macarrão à bolonhesa

Preparo
30 minutos

Rendimento
6 porções

Ingredientes

Molho bolonhesa

2 colheres (sopa) de óleo
meio quilo de carne moída
1 cebola pequena picada
4 tomates, sem pele e sem sementes, picados
1 lata de polpa de tomate
2 tabletes de MAGGI® Caldo de Carne

Macarrão

1 pacote de macarrão tipo espaguete cozido

Preparo

Molho bolonhesa

1. Em uma panela, aqueça o óleo e refogue a carne até dourar. Junte a cebola, os tomates e deixe refogar até murchar. Acrescente a polpa de tomate e o tablete de MAGGI® Caldo, dissolvido em 1 xícara (chá) de água quente.
2. Deixe cozinhar por cerca de 10 minutos, ou até apurar o molho.
3. Sirva com o macarrão cozido.

Risoto de limão-siciliano com crocante de parmesão

Preparo
40 minutos

Rendimento
6 porções

Ingredientes

Crocante de parmesão

1 xícara (chá) de queijo parmesão ralado grosso

Risoto

1 sachê de MAGGI® Tempero e Sabor Legumes
1 colher (chá) de sal
2 ramos de tomilho fresco
1 e meia colher (sopa) de azeite
1 cebola picada
1 e meia xícara (chá) de arroz arbóreo
meia xícara (chá) de vinho branco
raspas e suco de 2 limões-sicilianos pequenos
1 pitada de pimenta-do-reino
1 e meia colher (sopa) de manteiga
1 colher (sopa) de queijo parmesão ralado

Preparo

Crocante de parmesão

1 Em uma frigideira antiaderente aquecida, polvilhe um pouco do parmesão e deixe derreter e dourar em fogo baixo. Vire, com o auxílio de uma espátula, e doure do outro lado.
2 Repita o processo até acabar o queijo. Espere esfriar, quebre grosseiramente e reserve.

Risoto

3 Em uma panela, ferva 3 xícaras (chá) de água e acrescente o MAGGI® Tempero e Sabor, o sal e o tomilho. Reserve aquecido.
4 Em uma panela de fundo largo, aqueça o azeite e refogue a cebola. Adicione o arroz arbóreo e refogue bem. Acrescente o vinho branco e deixe ferver por cerca de 2 minutos. Acrescente as raspas e o suco de limão, a pimenta-do-reino, e aos poucos o caldo reservado, mexendo sempre.
5 Quando os grãos estiverem *al dente*, desligue o fogo, junte a manteiga e o queijo parmesão.
6 Sirva acompanhado do crocante de parmesão reservado.

Quiche Lorraine

Preparo
40 minutos

Rendimento
12 porções

Ingredientes

Massa

2 xícaras (chá) de farinha de trigo
150 g de manteiga
1 colher (chá) de MAGGI® Fondor

Recheio

100 g de bacon picado
1 lata de NESTLÉ® Creme de Leite
3 ovos
1 xícara (chá) de queijo tipo gruyère
1 colher (chá) de MAGGI® Fondor
1 pitada de noz-moscada

Preparo

Massa

1 Em uma superfície limpa e seca, peneire a farinha de trigo, faça uma cova no centro e coloque a manteiga e o MAGGI® Fondor.
2 Amasse suavemente com as pontas dos dedos até obter uma massa lisa, que não grude nas mãos.
3 Abra a massa em uma forma de aro removível (25 cm de diâmetro), apertando com os dedos e formando uma pequena borda. Reserve.

Recheio

4 Em uma panela, doure o bacon em fogo baixo. Escorra a gordura e espalhe o bacon frito sobre a massa reservada.
5 Leve ao forno médio-alto (200°C), preaquecido, por cerca de 15 minutos.
6 Misture o NESTLÉ® Creme de Leite com os ovos, o queijo, o MAGGI® Fondor e a noz-moscada.
7 Retire a torta do forno e despeje a mistura sobre o bacon. Retorne ao forno por cerca de 30 minutos ou até o recheio ficar consistente e a massa dourada. Sirva quente.

Ratatouille

Preparo
1 hora e
20 minutos

Rendimento
10 porções

Assista ao vídeo
da receita

Ingredientes

- 1 abobrinha grande cortada em rodelas finas (0,5 cm)
- 1 berinjela cortada em rodelas finas (0,5 cm)
- 1 colher (sopa) de MAGGI® Fondor
- 4 colheres (sopa) de azeite
- meia cebola picada
- 2 dentes de alho picados
- 5 tomates sem pele e sem sementes, picados
- 2 colheres (sopa) de tomilho
- 1 ramo de alecrim
- 1 pitada de pimenta-do-reino
- 2 colheres (sopa) de manjericão
- 1 pimentão amarelo cortado em rodelas finas (0,5 cm)
- 1 pimentão vermelho cortado em rodelas finas (0,5 cm)
- meia cebola em rodelas finas

Preparo

1 Em um recipiente, coloque a abobrinha e a berinjela e salpique 1 colher (chá) de MAGGI® Fondor por cima.
2 Espalhe bem e deixe descansar por cerca de 30 minutos.
3 Escorra toda a água que formar e seque bem cada rodela com um papel-toalha.
4 Em uma frigideira, aqueça 2 colheres (sopa) de azeite e grelhe a abobrinha e a berinjela, colocando poucas rodelas por vez na frigideira e com cuidado para não amolecerem demais. Reserve.
5 Na mesma frigideira, aqueça 1 colher (sopa) de azeite e refogue a cebola e o alho.
6 Adicione os tomates picados, o tomilho, o alecrim, a pimenta-do-reino e o manjericão.
7 Cozinhe em fogo baixo até que o tomate comece a se desmanchar. Reserve.

Montagem

8 Em um recipiente refratário, cubra o fundo com o refogado dos tomates reservados e arrume as fatias de legumes na vertical em espiral, começando da borda para o centro, intercalando fatias de abobrinha, pimentões, cebola e berinjela. Reserve.
9 Em um recipiente, misture o azeite com o MAGGI® Fondor restante e regue os legumes reservados.
10 Cubra com papel-alumínio e leve ao forno médio-alto (200°C), preaquecido, por cerca de 30 minutos. Sirva.

Gelatina mosaico

Preparo
5 horas

Rendimento
14 porções

Ingredientes

- 1 caixinha de gelatina em pó sabor limão
- 1 caixinha de gelatina em pó sabor abacaxi
- 1 caixinha de gelatina em pó sabor morango
- 1 caixinha de gelatina em pó sabor uva
- meio envelope de gelatina em pó sem sabor (6 g)
- 1 Leite MOÇA® (lata ou caixinha) 395g
- 1 medida (da lata ou caixinha) de Leite Líquido NINHO® Forti+ Integral

Preparo

1. Em recipientes refratários retangulares ou quadrados, prepare as gelatinas coloridas separadamente, diluindo cada uma delas em meia xícara (chá) de água fervente e meia xícara (chá) de água fria.
2. Deixe esfriar e leve à geladeira, até que fiquem bem consistentes.
3. Retire da geladeira e corte em cubos. Reserve.
4. Junte 5 colheres (sopa) de água fria à gelatina em pó sem sabor e leve ao fogo em banho-maria até dissolver.
5. Em um liquidificador, bata o Leite MOÇA® com o Leite NINHO® e a gelatina em pó sem sabor dissolvida até ficar homogêneo.
6. Coloque os cubos de gelatina reservados em taças, despeje sobre eles a mistura batida e leve à geladeira até ficar firme.

Dica Utilize os sabores de gelatina de sua preferência.

Bombom de travessa com frutas

Preparo 30 minutos

Rendimento 16 porções

Ingredientes

Creme

1 Leite MOÇA® (lata ou caixinha) 395g
3 gemas
2 xícaras (chá) de Leite Líquido NINHO® Forti+ Integral
2 colheres (sopa) de amido de milho
meia colher (chá) de essência de baunilha

Cobertura

100 g de NESTLÉ® DOIS FRADES® Cobertura Chocolate Meio Amargo derretido
1 caixinha de NESTLÉ® Creme de Leite

Montagem

1 xícara (chá) de morangos cortados ao meio
1 xícara (chá) de uvas rosadas sem sementes
100 g de raspas de NESTLÉ® DOIS FRADES® Cobertura Chocolate Meio Amargo

Assista ao vídeo da receita

Preparo

Creme

1 Em uma panela misture o Leite MOÇA®, as gemas, o Leite NINHO®, o amido de milho e a essência de baunilha e leve ao fogo médio, mexendo sempre, por cerca de 5 minutos ou até engrossar. Reserve.

Cobertura

2 Em um recipiente, misture o NESTLÉ® DOIS FRADES® Cobertura Chocolate Meio Amargo derretido com o NESTLÉ® Creme de Leite até formar um creme homogêneo. Reserve.

Montagem

3 Em uma travessa redonda (23 cm de diâmetro), coloque o creme reservado. Distribua os morangos e as uvas rosadas e finalize com a cobertura.

4 Decore com as raspas de NESTLÉ® DOIS FRADES® Cobertura Chocolate Meio Amargo e leve à geladeira até o momento de servir.

Dica **1.** A fécula de batata deixa a cobertura mais brilhante, mas, se não encontrar, substitua a fécula pela mesma quantidade de amido de milho. **2.** Se desejar um creme mais firme acrescente mais meia colher (sopa) de amido de milho.

Torta espelhada de morango

Preparo
50 minutos

Rendimento
12 porções

Assista ao vídeo da receita

Ingredientes

Massa

2 xícaras (chá) de farinha de trigo
1 colher (sopa) de açúcar
1 pitada de sal
1 ovo
100 g de manteiga

Creme

1 Leite MOÇA® (lata ou caixinha) 395g
1 colher (sopa) de amido de milho
1 medida (da lata ou caixinha) de Leite Líquido NINHO® Forti+ Integral
2 gemas
meia colher (chá) de raspas da casca de limão
300 g de morangos cortados ao meio

Cobertura

2 colheres (chá) de fécula de batata
1 colher (sopa) de gelatina em pó sabor morango

Preparo

Massa

1 Em um recipiente coloque a farinha, o açúcar e o sal peneirados.
2 Junte o ovo e a manteiga em temperatura ambiente.
3 Misture e trabalhe com a ponta dos dedos até obter uma massa homogênea.
4 Abra-a com um rolo, em uma superfície limpa e polvilhada com farinha de trigo, e forre o fundo e as laterais de uma forma de aro removível (26 cm de diâmetro).
5 Fure a massa com o auxílio de um garfo e leve ao forno médio-alto (200°C), preaquecido, até ficar ligeiramente dourada. Deixe esfriar.

Creme

6 Em uma panela, misture Leite MOÇA®, o amido de milho dissolvido no Leite NINHO®, as gemas e cozinhe em fogo baixo, mexendo sempre, até adquirir consistência cremosa. Junte as raspas de limão e deixe esfriar.
7 Despeje sobre a massa da torta e, por cima, arrume os morangos.

Cobertura

8 Em uma panela, dissolva a fécula de batata em 1 xícara (chá) de água.
9 Leve ao fogo baixo, mexendo sempre, até ferver e ficar transparente.
10 Acrescente a gelatina, mexendo até dissolver.
11 Espere esfriar e cubra os morangos. Leva à geladeira até o momento de servir.

Mousse de limão

Preparo
40 minutos

Rendimento
6 porções

Dica Você pode utilizar o limão de sua preferência.

Ingredientes

1 Leite MOÇA® (lata ou caixinha) 395g
meia xícara (chá) de suco de limão
raspas da casca de 1 limão
3 claras
2 colheres (sopa) de açúcar

Preparo

1. Em um recipiente, misture o Leite MOÇA®, o suco e metade das raspas de limão até obter um creme consistente.
2. Em uma panela, misture as claras e o açúcar e leve ao fogo baixo, mexendo vigorosamente sem parar, por cerca de 3 minutos, tirando a panela do fogo por alguns instantes a cada minuto, continuando a mexer, para não cozinhar.
3. Transfira para uma batedeira e bata por 5 minutos ou até dobrar de volume.
4. Misture com o creme de limão e incorpore delicadamente.
5. Coloque em taças individuais e decore com as raspas de limão restantes. Leve à geladeira para firmar.

Pudim prestígio

Preparo
8 horas

Rendimento
16 porções

Ingredientes

Calda
1 xícara (chá) de açúcar

Pudim
1 Leite MOÇA® (lata ou caixinha) 395g
3 ovos
200 g de NESTLÉ® DOIS FRADES® Chocolate Meio Amargo derretido
1 medida (da lata ou caixinha) de Leite Líquido NINHO® Forti+ Integral
1 xícara (chá) de coco fresco ralado

Preparo

Calda
1 Em uma panela de fundo largo, coloque o açúcar.
2 Leve ao fogo baixo e quando estiver bem dourado, junte meia xícara (chá) de água fervente.
3 Mexa com uma colher e deixe ferver até dissolver os torrões de açúcar.
4 Forre com esta calda uma forma com furo central (19 cm de diâmetro) e reserve.

Pudim
5 Em um liquidificador, bata todos os ingredientes até ficar homogêneo.
6 Despeje na forma reservada, cubra com papel-alumínio e leve ao forno médio (180°C), em banho-maria, por cerca de 1 hora e 30 minutos.
7 Espere esfriar e leve para gelar por cerca de 6 horas.
8 Desenforme e sirva a seguir decorado com o coco fresco.

Sobremesas clássicas

Dicas **1.** É essencial que o pudim seja preparado em banho-maria para que asse de forma lenta e controlada, para atingir a textura ideal. **2.** Para que o seu pudim não forme furinhos, verifique se a temperatura do forno está regulada conforme indicação da receita. Leve a forma ao forno na grade superior, longe da chama.

Pudim de Leite MOÇA®

Preparo
8 horas

Rendimento
16 porções

Assista ao vídeo da receita

Ingredientes

Calda
1 xícara (chá) de açúcar

Pudim
1 Leite MOÇA® (lata ou caixinha) 395 g
2 medidas (da lata ou caixinha) de Leite Líquido NINHO® Forti+ Integral
3 ovos

Preparo

Calda
1 Em uma panela de fundo largo, derreta o açúcar até ficar dourado.
2 Junte meia xícara (chá) de água quente e mexa com uma colher. Deixe ferver até dissolver os torrões de açúcar e a calda engrossar.
3 Forre com a calda uma forma com furo central (19 cm de diâmetro) e reserve.

Pudim
4 Em um liquidificador, bata todos os ingredientes do pudim e despeje na forma reservada.
5 Cubra com papel-alumínio e leve ao forno médio (180°C), em banho-maria, por cerca de 1 hora e 30 minutos.
6 Depois de frio, leve para gelar por cerca de 6 horas.
7 Desenforme e sirva a seguir.

Brigadeirão

Assista ao vídeo da receita

Preparo
7 horas e 40 minutos

Rendimento
16 porções

Ingredientes

1 Leite MOÇA® (lata ou caixinha) 395 g
1 lata de NESTLÉ® Creme de Leite
1 xícara (chá) de NESTLÉ® DOIS FRADES® Chocolate em Pó 50%
4 colheres (sopa) de açúcar
1 colher (sopa) de manteiga
3 ovos
1 xícara (chá) de chocolate granulado para decorar

Preparo

1. Em um liquidificador, bata o Leite MOÇA®, o NESTLÉ® Creme de Leite, o NESTLÉ® DOIS FRADES® Chocolate em Pó 50%, o açúcar, a manteiga e os ovos até que a mistura fique homogênea.
2. Despeje em uma forma com furo central (19 cm de diâmetro) untada com manteiga. Cubra com papel-alumínio e leve ao forno médio (180°C), preaquecido, em banho-maria, por cerca de 1 hora e 30 minutos, ou até ficar firme.
3. Desenforme ainda morno e decore toda a superfície com o granulado. Leve à geladeira por cerca de 6 horas e sirva.

Mousse clássica de chocolate

Preparo
3 horas e 30 minutos

Rendimento
6 porções

Assista ao vídeo da receita

Ingredientes

1 lata de NESTLÉ® Creme de Leite
200 g de NESTLÉ® DOIS FRADES® Cobertura Chocolate Meio Amargo picado
3 claras
3 colheres (sopa) de açúcar

Preparo

1. Em uma panela em banho-maria, aqueça o NESTLÉ® Creme de Leite.
2. Junte o NESTLÉ® DOIS FRADES® Cobertura Chocolate Meio Amargo e mexa até que fique uma mistura homogênea. Reserve.
3. Em uma panela, misture as claras e o açúcar e leve ao fogo baixo, mexendo vigorosamente sem parar, por cerca de 3 minutos, tirando a panela do fogo por alguns instantes a cada minuto, continuando a mexer, para não cozinhar.
4. Transfira para uma batedeira e bata por 5 minutos ou até dobrar de volume. Misture levemente ao creme de chocolate reservado.
5. Coloque em taças e leve à geladeira por cerca de 3 horas.
6. Decore com cerejas, chantilly ou raspas de chocolate.

Dica Se desejar, utilize um maçarico para dourar o merengue.

Torta de limão

Preparo
1 hora e 25 minutos

Rendimento
16 porções

Assista ao vídeo da receita

Ingredientes

Massa

- 2 xícaras (chá) de farinha de trigo
- 4 colheres (sopa) de manteiga
- meia lata de NESTLÉ® Creme de Leite
- 1 colher (chá) de fermento em pó

Recheio

- 1 Leite MOÇA® (lata ou caixinha) 395g
- 6 colheres (sopa) de suco de limão
- meia lata de NESTLÉ® Creme de Leite
- 1 colher (sopa) de raspas da casca de limão

Merengue

- 3 claras
- meia xícara (chá) de açúcar

Preparo

Massa

1. Em um recipiente, peneire a farinha de trigo, faça uma cova no centro e coloque a manteiga, o NESTLÉ® Creme de Leite e o fermento em pó.
2. Misture-os com as pontas dos dedos, até que a massa solte completamente das mãos.
3. Deixe descansar por cerca de 30 minutos na geladeira.
4. Em uma superfície limpa, polvilhada com farinha de trigo, abra a massa, forre uma forma de fundo removível (24 cm de diâmetro), fure o fundo com um garfo e leve ao forno médio-alto (200°C), preaquecido, por cerca de 20 minutos. Reserve.

Recheio

5. Em um recipiente, misture bem o Leite MOÇA® com o suco de limão. Incorpore o NESTLÉ® Creme de Leite e as raspas de limão.
6. Recheie a massa já assada e leve à geladeira por cerca de 30 minutos, para firmar o recheio. Reserve.

Merengue

7. Em uma panela, misture as claras e o açúcar e leve ao fogo baixo, mexendo vigorosamente sem parar, por cerca de 3 minutos, tirando a panela do fogo por alguns instantes a cada minuto, continuando a mexer, para não cozinhar.
8. Retire do fogo e em uma batedeira, bata por cerca de 5 minutos ou até dobrar de volume.
9. Desligue a batedeira, retire a torta da geladeira e cubra-a com o merengue.
10. Retorne a torta ao forno por cerca de 10 minutos, para dourar. Sirva gelada.

Trufas de chocolate

Preparo 3 horas e 20 minutos

Rendimento cerca de 50 trufas

Assista ao vídeo da receita

Ingredientes

1 lata de NESTLÉ® Creme de Leite
300 g de NESTLÉ® DOIS FRADES® Cobertura Chocolate Meio Amargo picado
2 xícaras (chá) de NESTLÉ® DOIS FRADES® Chocolate em Pó 50%
100 g de manteiga em temperatura ambiente
2 colheres (sopa) de conhaque

Preparo

1 Em um recipiente, aqueça o NESTLÉ® Creme de Leite em banho-maria.
2 Junte o NESTLÉ® DOIS FRADES® Cobertura Chocolate Meio Amargo, mexendo até obter uma mistura homogênea.
3 Retire do banho-maria e misture 1 xícara (chá) do NESTLÉ® DOIS FRADES® Chocolate em Pó 50%.
4 Junte a manteiga e o conhaque, misture até ficar homogêneo e leve à geladeira por cerca de 3 horas.
5 Faça bolinhas, passe no restante do Chocolate em Pó e conserve-as em local fresco. Sirva.

Dicas 1. Se preferir, faça uma cobertura de chocolate para as trufas, derretendo o NESTLÉ® DOIS FRADES® Cobertura Chocolate Meio Amargo em banho-maria e fazendo a temperagem: retire-o do banho-maria e continue mexendo, no próprio recipiente refratário ou em uma superfície de mármore, até que esteja frio (verifique a temperatura encostando um pouco de chocolate no lábio: a sensação deve ser de frio. Se tiver um termômetro, a temperatura deve ser de 30°C). Mergulhe as trufas uma a uma, escorra-as sobre um tabuleiro forrado com papel-alumínio e leve para gelar por 1 hora. Após esse processo, passe as trufas no NESTLÉ® DOIS FRADES® Chocolate em Pó 50% e sirva **2. Para trufas de café** Adicione 6 colheres (sopa) de NESCAFÉ® Tradição dissolvido em 1 colher (sopa) de água quente e misture ao recheio depois de pronto. Leve à geladeira e banhe as trufas com o Chocolate, como indicado na receita. **3. Para trufas de laranja** Substitua o conhaque do recheio por 2 colheres (sopa) de licor de laranja. Leve à geladeira e banhe as trufas com o Chocolate, como indicado na receita. **4. Para trufas crocantes de nozes** Prepare o recheio como indicado na receita. Adicione 1 xícara (chá) de nozes pecãs ou castanhas-de-caju picadas. Leve à geladeira e banhe as trufas com o Chocolate, como indicado.

Manjar branco especial

Preparo
4 horas e 40 minutos

Rendimento
10 porções

Ingredientes

Manjar
1 Leite MOÇA® (lata ou caixinha) 395g
2 e meia medidas (da lata ou caixinha) de Leite Líquido NINHO® Forti+ Integral
1 vidro de leite de coco (200ml)
meia xícara (chá) de amido de milho

Calda
1 e meia xícara (chá) de açúcar
150 g de ameixas pretas sem caroço
1 pedaço de canela em pau
2 cravos-da-índia

Assista ao vídeo da receita

Preparo

Manjar

1 Em uma panela, misture bem o Leite MOÇA®, o Leite NINHO®, o leite de coco e o amido de milho.
2 Leve ao fogo, mexendo sempre, até obter um creme grosso.
3 Retire do fogo, despeje em uma forma com furo central (19 cm de diâmetro) molhada ou levemente untada com óleo e leve à geladeira por cerca de 4 horas.
4 Reserve.

Calda

5 Em uma panela, misture o açúcar, as ameixas, a canela, o cravo-da-índia e 2 e meia xícaras (chá) de água.
6 Leve ao fogo e cozinhe por cerca de 10 minutos após iniciar fervura.
7 Sirva a calda fria sobre o manjar reservado.

Torta holandesa

Assista ao vídeo da receita

Preparo
4 horas e 30 minutos

Rendimento
20 porções

Ingredientes

Base
1 pacote de Biscoito Nesfit® Leite e Mel 160 g
meia xícara (chá) de manteiga em temperatura ambiente
1 pacote de Biscoito Calipso® Original

Recheio
1 Leite MOÇA® (lata ou caixinha) 395 g
3 gemas
1 medida (da lata ou caixinha) de Leite Líquido NINHO® Forti+ Integral
1 envelope de gelatina em pó sem sabor (12 g)
3 claras
4 colheres (sopa) de açúcar
1 caixinha de NESTLÉ® Creme de Leite

Cobertura
150 g de NESTLÉ® DOIS FRADES® Cobertura Chocolate Meio Amargo picado
1 colher (sopa) de manteiga

Preparo

Base
1 Em um liquidificador, triture o Biscoito Nesfit®.
2 Em um recipiente, misture o biscoito triturado com a manteiga, até formar uma massa úmida.
3 Forre todo o fundo de uma forma de aro removível (28 cm de diâmetro) com essa mistura.
4 Nas laterais coloque os Biscoitos Calipso®, com a parte coberta com chocolate voltada para fora.
5 Leve à geladeira enquanto prepara o recheio. Reserve.

Recheio
6 Em uma panela misture o Leite MOÇA®, as gemas e o Leite NINHO®.
7 Leve ao fogo baixo, mexendo sempre, até que a mistura adquira um pouco de consistência (cerca de 5 minutos). Desligue e deixe esfriar.
8 Misture à gelatina 5 colheres (sopa) de água, e dissolva em banho-maria. Adicione ao creme já frio, incorporando bem. Reserve.
9 Em uma panela, misture as claras e o açúcar e leve ao fogo baixo, mexendo vigorosamente sem parar, por cerca de 3 minutos, tirando a panela por alguns instantes a cada minuto, continuando a mexer para não cozinhar.
10 Transfira para uma batedeira e bata até dobrar de volume.
11 Acrescente delicadamente o NESTLÉ® Creme de Leite.
12 Junte ao creme reservado, misturando bem. Coloque sobre a base da torta reservada.
13 Retorne à geladeira por cerca de 2 horas, ou até firmar.

Cobertura
14 Em um recipiente, coloque o NESTLÉ® DOIS FRADES® Cobertura Chocolate Meio Amargo e leve ao banho-maria, para derreter. Misture bem a manteiga e 2 colheres (sopa) de água até ficar homogêneo
15 Coloque sobre a torta, desenforme e sirva.

Dicas **1.** Se desejar, decore com a polpa do maracujá. **2.** Se preferir, substitua o suco de maracujá concentrado pela polpa de 6 maracujás.

Mousse de maracujá

Preparo
3 horas e
30 minutos

Rendimento
8 porções

Assista ao vídeo da receita

Ingredientes

meio envelope de gelatina em pó sem sabor (6 g)
3 claras
2 colheres (sopa) de açúcar
1 Leite MOÇA® (lata ou caixinha) 395 g
1 xícara (chá) de suco de maracujá concentrado

Preparo

1 Em um recipiente refratário, dissolva a gelatina em 5 colheres (sopa) de água fria. Aqueça em banho-maria até derreter e reserve.
2 Em uma panela, misture as claras e o açúcar, e leve ao fogo baixo, mexendo vigorosamente sem parar, por cerca de 3 minutos, tirando a panela do fogo por alguns instantes a cada minuto e continuando a mexer, para não cozinhar.
3 Transfira para uma batedeira e bata por 5 minutos ou até dobrar de volume. Reserve.
4 Em um liquidificador, bata o Leite MOÇA® com o suco de maracujá e a gelatina reservada.
5 Junte às claras reservadas e misture delicadamente.
6 Coloque em taças individuais. Leve à geladeira por cerca de 3 horas ou até que fique firme. Sirva.

Torta de maçã clássica

Preparo
1 hora e
20 minutos

Rendimento
12 porções

Ingredientes

Massa
150 g de manteiga gelada
meia xícara (chá) de açúcar
3 gemas
1 pitada de sal
1 colher (sopa) de essência de baunilha
1 e meia xícara (chá) de farinha de trigo

Creme
1 e meia xícara (chá) de Leite Líquido NINHO® Forti+ Integral
2 gemas
1 Leite MOÇA® (lata ou caixinha) 395 g
1 colher (sopa) de amido de milho
1 colher (chá) de essência de baunilha

Cobertura
4 maçãs em fatias finas
3 colheres (sopa) de açúcar
1 colher (chá) de canela em pó

Preparo

Massa
1 Em um recipiente, misture a manteiga com o açúcar e adicione as gemas, o sal e a essência baunilha.
2 Misture bem com a ponta dos dedos até que os ingredientes estejam bem incorporados. Junte a farinha de trigo aos poucos até obter uma massa homogênea, que desgrude das mãos.
3 Faça uma bola e enrole em plástico-filme. Reserve na geladeira por cerca de 30 minutos.

Creme
4 Em uma panela pequena, adicione o Leite NINHO®, as gemas, o Leite MOÇA®, o amido de milho e a essência de baunilha.
5 Misture bem e leve ao fogo médio. Quando iniciar fervura, abaixe o fogo e deixe cozinhar por cerca de 5 minutos. Reserve.

Cobertura
6 Em um recipiente, misture as maçãs, o açúcar e a canela em pó. Reserve.

Montagem
7 Em uma superfície polvilhada com farinha de trigo, abra a massa com o auxílio de um rolo, cubra uma forma de aro removível (24 cm de diâmetro) e coloque o creme reservado no fundo.
8 Distribua as maçãs reservadas em círculos, formando uma flor. Leve ao forno médio-alto (200°C), preaquecido, por cerca de 30 minutos ou até que a massa esteja dourada e as maçãs cozidas.

Pavê de pêssego

Preparo
30 minutos

Rendimento
12 porções

Ingredientes

Creme

1 Leite MOÇA® (lata ou caixinha) 395 g
2 xícaras (chá) de Leite Líquido NINHO® Forti+ Integral
2 gemas
2 colheres (sopa) de amido de milho

Montagem

1 pacote de biscoito tipo champanhe
1 lata de pêssego em calda picado
meia xícara (chá) da calda do pêssego
100 g de raspas de NESTLÉ® DOIS FRADES® Cobertura Chocolate Branco

Preparo

Creme

1 Em uma panela, misture o Leite MOÇA®, o Leite NINHO®, as gemas, o amido de milho e leve ao fogo médio, mexendo sempre até engrossar. Deixe esfriar e reserve.

Montagem

2 Passe rapidamente parte dos biscoitos na calda do pêssego, acomodando-os no fundo de um refratário retangular (20 cm × 30 cm).
3 Distribua metade do creme e metade dos pêssegos picados. Repita a camada de biscoitos e coloque o restante do creme e dos pêssegos.
4 Decore com as raspas de NESTLÉ® DOIS FRADES® Cobertura Chocolate Branco e com fatias de pêssegos. Leve à geladeira até o momento de servir.

Tudo com chocolate

Pão de mel

Preparo
1 hora e
5 minutos

Rendimento
25 pedaços

Ingredientes

Recheio
1 lata de Leite MOÇA® 395 g

Massa
2 xícaras (chá) de Leite Líquido NINHO® Forti+ Integral
1 xícara (chá) de açúcar mascavo
1 colher (chá) de canela em pó
meia colher (chá) de cravo em pó
meia xícara (chá) de mel
1 xícara (chá) de GAROTO® Chocolate em Pó 50%
2 xícaras (chá) de farinha de trigo
2 colheres (chá) de fermento em pó
1 colher (chá) de bicarbonato de sódio

Cobertura
500 g de GAROTO® Cobertura Chocolate Meio Amargo

Preparo

Recheio
1. Retire o rótulo e o excesso de cola da lata de Leite MOÇA®, coloque-a fechada em uma panela de pressão e adicione água suficiente para cobrí-la. Tampe a panela e cozinhe em fogo médio por 15 minutos (contados após início da fervura).
2. Espere sair toda a pressão, abra a panela, retire a lata com cuidado e deixe-a esfriar antes de abrí-la.
3. Transfira o conteúdo para um recipiente e misture para ficar homogêneo. Reserve.

Massa
4. Em um recipiente, misture o Leite NINHO®, o açúcar mascavo, a canela em pó, o cravo em pó e o mel.
5. Peneire por cima o GAROTO® Chocolate em Pó 50% e a farinha de trigo. Junte o fermento em pó e o bicarbonato de sódio e misture tudo muito bem até obter uma massa lisa.
6. Despeje a massa em uma assadeira média (22 cm × 33 cm) untada com manteiga e polvilhada com farinha de trigo e leve ao forno médio (180°C), preaquecido, por cerca de 45 minutos.
7. Espere esfriar, corte a massa em quadrados e recheie com o Doce de Leite reservado.

Cobertura
8. Pique o GAROTO® Cobertura Chocolate Meio Amargo e prepare conforme as instruções da embalagem.
9. Banhe os pedaços de pão de mel, escorra o excesso de chocolate e deixe-os secar sobre uma grelha. Sirva a seguir.

Torta de palha italiana

Preparo
4 horas e
20 minutos

Rendimento
20 porções

Ingredientes

250 g de NESTLÉ® DOIS FRADES® Cobertura Chocolate Meio Amargo em pedaços
2 Leite MOÇA® (lata ou caixinha) 395g
1 colher (sopa) de manteiga
1 lata de NESTLÉ® Creme de Leite
2 pacotes de Biscoito de Maizena TOSTINES®
raspas de NESTLÉ® DOIS FRADES® Cobertura Chocolate Meio Amargo para decorar

Preparo

1. Em uma panela, coloque o NESTLÉ® DOIS FRADES® Cobertura Chocolate Meio Amargo, o Leite MOÇA®, a manteiga e misture bem. Leve ao fogo mexendo sem parar, até que a mistura desgrude do fundo da panela, como no ponto de brigadeiro.
2. Desligue o fogo, acrescente o NESTLÉ® Creme de Leite, misture e espere amornar. Reserve.

Montagem

3. Em uma forma redonda de fundo ou aro removível (24 cm de diâmetro), unte o fundo e as laterais com manteiga.
4. Coloque uma fina camada de brigadeiro e distribua os Biscoitos TOSTINES® por todo o fundo da forma.
5. Cubra essa camada de biscoitos com brigadeiro e repita as camadas, finalizando com brigadeiro. Reserve alguns biscoitos para decorar.
6. Deixe gelar por 4 horas e desenforme. Decore com biscoitos triturados e raspas de chocolate. Sirva.

Pavê de chocolate

Preparo
6 horas e 30 minutos

Rendimento
8 porções

Ingredientes

1 Leite MOÇA® (lata ou caixinha) 395g
1 medida (da lata ou caixinha) de Leite Líquido NINHO® Forti+ Integral
3 colheres (sopa) de NESTLÉ® DOIS FRADES® Chocolate em Pó 50%
1 colher (sopa) de amido de milho
1 lata de NESTLÉ® Creme de Leite
1 pacote de biscoito tipo champanhe
100 g de raspas de NESTLÉ® DOIS FRADES® Cobertura Chocolate Meio Amargo
açúcar de confeiteiro para decorar

Preparo

1 Em uma panela, misture o Leite MOÇA®, metade do Leite NINHO®, o NESTLÉ® DOIS FRADES® Chocolate em Pó 50% e o amido de milho e leve ao fogo baixo, mexendo sempre até obter uma mistura cremosa.
2 Retire do fogo e junte o NESTLÉ® Creme de Leite. Reserve.
3 Umedeça os biscoitos no Leite NINHO® restante e coloque-os, um ao lado do outro em um recipiente refratário retangular (16 cm × 26 cm).
4 Cubra com um pouco do creme de chocolate. Coloque outra camada de biscoitos umedecidos e outra de creme de chocolate.
5 Decore com as raspas de NESTLÉ® DOIS FRADES® Cobertura Chocolate Meio Amargo e polvilhe o açúcar de confeiteiro.
6 Leve à geladeira por cerca de 6 horas e sirva a seguir.

Bolo trufa de chocolate

Preparo
1 hora e
30 minutos

Rendimento
20 porções

Ingredientes

Massa
4 ovos
1 xícara (chá) de açúcar
1 e meia xícara (chá) de Leite Líquido NINHO® Forti+ Integral quente
2 xícaras (chá) de farinha de trigo
1 xícara (chá) de GAROTO® Chocolate em Pó 50%
1 colher (sopa) de fermento em pó

Recheio e Cobertura
500 g de GAROTO® Cobertura Chocolate ao Leite
100 g de manteiga
1 lata de NESTLÉ® Creme de Leite
4 colheres (sopa) de conhaque
GAROTO® Chocolate em Pó 50% para polvilhar

Preparo

Massa

1 Em uma batedeira, bata os ovos até dobrarem de volume. Adicione o açúcar e bata mais um pouco. Diminua a velocidade da batedeira e adicione o Leite NINHO® aos poucos.

2 Desligue e misture delicadamente a farinha de trigo, o GAROTO® Chocolate em Pó 50% e o fermento em pó, até ficar homogêneo.

3 Despeje em uma forma redonda (24 cm de diâmetro) untada com manteiga e polvilhada com farinha de trigo e leve ao forno médio (180°C), preaquecido, por cerca de 40 minutos.

4 Corte o bolo ainda morno ao meio e reserve.

Recheio e Cobertura

5 Faça raspas de Chocolate com 100 g do GAROTO® Cobertura Chocolate ao Leite e reserve.

6 Pique o restante do Chocolate e aqueça em banho-maria. Junte a manteiga e o NESTLÉ® Creme de Leite e misture, até formar uma massa homogênea. Acrescente 2 colheres de (sopa) do conhaque e deixe esfriar.

Montagem

7 Em um prato, coloque metade do bolo, umedeça com o conhaque restante misturado com 1 colher (sopa) de água e espalhe metade do recheio de trufa de chocolate.

8 Coloque a outra metade do bolo e cubra a parte de cima e as laterais com a trufa de chocolate restante.

9 Decore com as raspas de chocolate reservadas e finalize com o GAROTO® Chocolate em Pó 50%.

Brownie de chocolate

Preparo
1 hora

Rendimento
24 pedaços

Ingredientes

- 150 g de GAROTO® Cobertura Chocolate Meio Amargo
- 50 g de manteiga em cubos
- meia xícara (chá) de açúcar mascavo
- 5 colheres (sopa) de açúcar
- 2 ovos
- 1 colher (chá) de essência de baunilha
- meia xícara (chá) de farinha de trigo
- 1 colher (chá) de bicarbonato de sódio
- 1 xícara (chá) de nozes picadas

Dica Para que o brownie fique macio depois de frio, retire-o do forno quando o centro ainda estiver ligeiramente úmido.

Preparo

1. Em uma panela, coloque o GAROTO® Cobertura Chocolate Meio Amargo e a manteiga e leve ao fogo em banho-maria, até obter um creme homogêneo.
2. Adicione o açúcar mascavo e o açúcar e mexa até estar bem dissolvido.
3. Em um recipiente, bata os ovos com a essência de baunilha e misture ao creme de chocolate.
4. Adicione a farinha de trigo, o bicarbonato de sódio e as nozes.
5. Despeje a massa em uma forma retangular (23 cm × 32 cm), untada com manteiga e polvilhada com farinha de trigo e leve ao forno médio (180°C), preaquecido, por cerca de 20 minutos.
6. Desenforme e deixe esfriar. Corte em quadrados e sirva.

Petit gâteau de chocolate

Preparo
25 minutos

Rendimento
8 porções

Assista ao vídeo da receita

Ingredientes

150 g de NESTLÉ® DOIS FRADES® Cobertura Chocolate ao Leite
meia xícara (chá) de manteiga
3 ovos
2 gemas
meia xícara (chá) de açúcar
1 xícara (chá) de farinha de trigo
8 bolas de Sorvete Nestlé® Creme Tradicional

Preparo

1. Em um recipiente refratário, derreta em banho-maria o NESTLÉ® DOIS FRADES® Cobertura Chocolate ao Leite e a manteiga.
2. Em outro recipiente, bata os ovos, as gemas e o açúcar até formar uma massa cremosa.
3. Adicione a mistura de Chocolate derretido e mexa bem.
4. Acrescente a farinha de trigo aos poucos e mexa delicadamente, até incorporar tudo.
5. Unte com manteiga e polvilhe com farinha de trigo 8 forminhas pequenas (10 cm de diâmetro) e distribua a massa entre elas.
6. Leve ao forno médio-alto (200°C), preaquecido, por cerca de 10 minutos. Desenforme ainda quente sobre pratinhos individuais e sirva a seguir, acompanhado de uma bola de Sorvete Nestlé® Creme Tradicional.

Dicas **1.** O forno deve estar bem quente no momento em que for colocar os bolinhos, para que fiquem cremosos por dentro e firmes por fora. **2.** Ao tirá-los do forno, o centro ainda deverá estar mole.

Bolo vulcão de brigadeiro

Preparo
1 hora e
35 minutos

Rendimento
20 porções

Assista ao vídeo
da receita

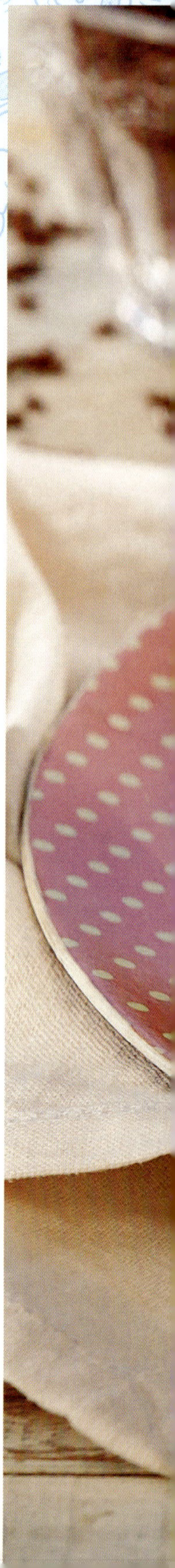

Ingredientes

Massa

100 g de manteiga
3 ovos
1 e meia xícara (chá) de açúcar
1 xícara (chá) de GAROTO® Chocolate em Pó 50%
1 xícara (chá) de Leite Líquido NINHO® Forti+ Integral
2 xícaras (chá) de farinha de trigo
1 colher (sopa) de fermento em pó
meia colher (chá) de bicarbonato de sódio

Cobertura

1 Leite MOÇA® (lata ou caixinha) 395g
100 g de GAROTO® Cobertura Chocolate Meio Amargo
1 colher (sopa) de manteiga
1 caixinha de NESTLÉ® Creme de Leite
50 g de chocolate granulado para decorar

Preparo

Massa

1. Em uma batedeira, bata a manteiga, os ovos, o açúcar e o GAROTO® Chocolate em Pó 50% até ficar homogêneo.
2. Desligue a batedeira, junte o Leite NINHO®, a farinha de trigo, o fermento em pó e o bicarbonato de sódio e misture bem.
3. Coloque em uma forma redonda de furo central (23 cm de diâmetro) untada com manteiga e polvilhada com farinha de trigo, e leve ao forno médio-alto (200°C), preaquecido, por cerca de 40 minutos.
4. Espere amornar e desenforme.

Cobertura

1. Em uma panela, coloque o Leite MOÇA®, o GAROTO® Cobertura Chocolate Meio Amargo e a manteiga.
2. Misture bem e leve ao fogo médio, por cerca de 8 minutos ou até desgrudar do fundo da panela.
3. Desligue o fogo, junte o NESTLÉ® Creme de Leite e misture bem.
4. Espere amornar e coloque o brigadeiro no centro do bolo e depois em toda a volta, de modo a escorrer levemente.
5. Decore com o granulado.

Alfajores argentinos

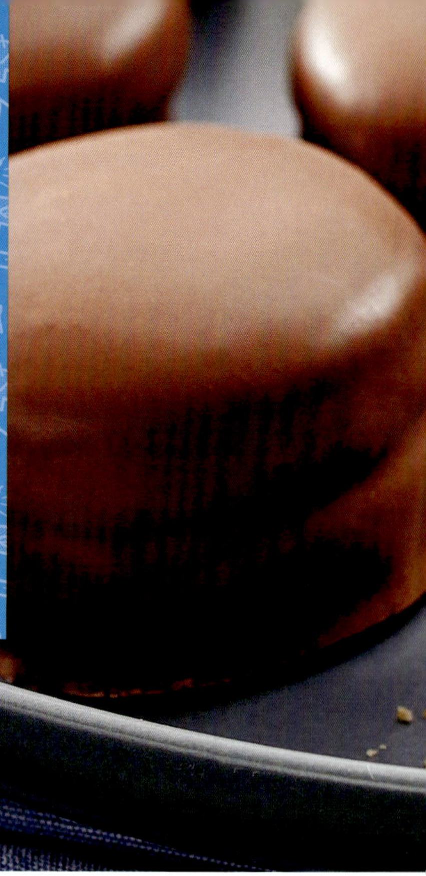

Preparo
2 horas

Rendimento
35 unidades

Ingredientes

Recheio
1 lata de Leite MOÇA® 395g

Massa
200 g de manteiga temperatura ambiente
1 ovo
2 gemas
1 xícara (chá) de açúcar
5 xícaras (chá) de farinha de trigo
4 colheres (sopa) de mel
2 colheres (sopa) de fermento em pó
meia colher (sopa) de bicarbonato de sódio
meia colher (sopa) de essência de baunilha

Cobertura
500 g de GAROTO® Cobertura Chocolate ao Leite

Preparo

Recheio
1 Retire o rótulo e o excesso de cola da lata de Leite MOÇA®. Coloque-a fechada em uma panela de pressão e adicione água suficiente para cobrí-la.
2 Tampe a panela e cozinhe em fogo médio por 20 minutos (contados após início da pressão).
3 Espere sair toda a pressão. Abra a panela e retire a lata com cuidado. Deixe-a esfriar antes de abrí-la.
4 Transfira o conteúdo para um recipiente. Misture para ficar homogêneo. Reserve.

Massa
5 Em uma batedeira, bata a manteiga com o açúcar, o ovo e as gemas. Reserve.
6 À parte, misture a farinha de trigo, o mel, o fermento em pó, o bicarbonato de sódio e a essência de baunilha. Junte à mistura de manteiga.
7 Trabalhe bem a massa até ficar lisa e macia. Deixe descansar por 30 minutos.
8 Abra com um rolo a massa entre dois plásticos-filme, deixando-a com espessura de 0,5 cm.
9 Com um cortador, recorte círculos de 5 cm de diâmetro.

Dicas **1.** Se quiser, embrulhe os alfajores depois de secos, um a um, em papel celofane. **2.** Caso não tenha cortador apropriado, improvise com outro utensílio com medida equivalente (copo ou xícara). **3.** Para manter a maciez, é importante não deixar os discos dourarem demais. Caso contrário, a massa ficará ressecada, com aspecto de biscoito.

10 Arrume-os em uma assadeira untada com manteiga e polvilhada com farinha de trigo.
11 Asse em forno médio (180°C), preaquecido, por 8 minutos (sem dourar muito).
12 Retire do forno e deixe esfriar na própria assadeira, coberta com papel-manteiga.
13 Depois de frios, una dois discos com uma camada de doce de leite, retirando o excesso. Reserve.

Cobertura

14 Derreta o GAROTO® Cobertura Chocolate ao Leite conforme as indicações da embalagem e banhe os alfajores um a um.
15 Coloque-os sobre papel-alumínio ou papel-manteiga e deixe secar.

Dicas **1.** Substitua as Gotas de Chocolate ao Leite por Amargo. **2.** Se desejar, acrescente 4 colheres (sopa) de castanhas picadas à massa. **3.** Ao sair do forno, o cookie terá a aparência de mole, mas ficará sequinho e crocante após esfriar. **4.** Se desejar, substitua o açúcar mascavo pelo açúcar comum. **5.** Você pode modelar os cookies e congelar em saco plástico próprio para alimentos por até 3 meses.

Cookies com gotas de chocolate

Preparo 40 minutos

Rendimento 20 unidades

Ingredientes

meia xícara (chá) de manteiga derretida (100 g)
meia xícara (chá) de açúcar mascavo
3 colheres (sopa) de açúcar
1 ovo
meia colher (chá) de essência de baunilha
1 xícara (chá) de farinha de trigo
meia colher (chá) de fermento em pó
100 g de Gotas de Chocolate ao Leite GAROTO®

Preparo

1 Em um recipiente, misture bem com uma colher ou fuê a manteiga, o açúcar mascavo, o açúcar, o ovo e a essência de baunilha até obter uma mistura cremosa e clara. Acrescente a farinha de trigo, o fermento em pó e metade das Gotas de Chocolate ao Leite GAROTO®.
2 Leve à geladeira por 10 minutos.
3 Modele os cookies com o auxílio de 2 colheres e coloque em uma assadeira, deixando um espaço entre eles.
4 Finalize com as Gotas de Chocolate restantes e leve ao forno médio (180°C), preaquecido, por cerca de 12 minutos ou até dourar levemente nas laterais.

Torta alemã

Preparo
4 horas e 30 minutos

Rendimento
10 porções

Ingredientes

200 g de manteiga
1 xícara (chá) de açúcar
1 lata de NESTLÉ® Creme de Leite
1 e meio pacote de Biscoito Nesfit® Leite e Mel 160g
meia xícara (chá) de Leite Líquido NINHO® Forti+ Integral

Cobertura

1 lata de NESTLÉ® Creme de Leite
150 g de NESTLÉ® DOIS FRADES® Cobertura Chocolate Meio Amargo

Preparo

1 Em uma batedeira, bata a manteiga e o açúcar até formar um creme esbranquiçado.
2 Misture delicadamente o NESTLÉ® Creme de Leite e reserve.
3 Passe os Biscoitos Nesfit® no Leite NINHO®, coloque-os em um recipiente refratário quadrado (21 cm × 21 cm) e cubra com uma camada do creme reservado.
4 Repita as camadas, finalizando com o creme.
5 Leve à geladeira por cerca de 4 horas.

Cobertura

6 Em uma panela em banho-maria, aqueça o NESTLÉ® Creme de Leite, junte o NESTLÉ® DOIS FRADES® Cobertura Chocolate Meio Amargo picado e mexa até obter um creme liso e homogêneo.
7 Espalhe a cobertura sobre a torta, volte à geladeira para gelar um pouco e sirva a seguir.

Receitas típicas

Feijão tropeiro

Preparo
50 minutos

Rendimento
6 porções

Ingredientes

2 xícaras (chá) de feijão-roxinho
1 folha de louro
2 colheres (sopa) de bacon picado
2 gomos de linguiça calabresa fresca
2 dentes de alho amassados
1 cebola grande picada
3 ovos
1 tablete de MAGGI® Caldo de Costela
5 folhas de couve picadas
1 e meia xícara (chá) de farinha de mandioca crua

Preparo

1. Em uma panela, cozinhe o feijão em água com o louro até que os grãos estejam macios (sem desmanchar). Escorra a água e despreze o louro.
2. Em uma panela frite o bacon e a linguiça. Escorra o excesso de gordura, junte o alho e a cebola e deixe refogar.
3. Adicione os ovos e mexa até que estejam cozidos. Junte o feijão, o MAGGI® Caldo dissolvido em meia xícara (chá) de água quente e a couve. Misture bem e deixe cozinhar para tomar gosto.
4. Acrescente a farinha de mandioca, misturando bem. Sirva a seguir.

Baião de dois

Ingredientes

meio quilo de feijão-de-corda seco
2 colheres (sopa) de óleo
meia xícara (chá) de bacon picado
1 cebola ralada
2 dentes de alho amassados
meia colher (sopa) de coentro picado
2 xícaras (chá) de arroz
2 envelopes de MAGGI® Tempero e Sabor Feijão
1 colher (chá) de sal
1 xícara (chá) de queijo coalho picado

Preparo
2 horas

Rendimento
8 porções

Preparo

1 Em uma panela, cozinhe o feijão de corda (deixado de molho na véspera) com 3 litros de água fria por cerca de 40 minutos.
2 Em outra panela, aqueça o óleo e doure o bacon, a cebola e o alho. Acrescente o coentro e o arroz. Refogue bem e adicione o feijão cozido com o caldo, o MAGGI® Tempero e Sabor e o sal.
3 Tampe a panela e cozinhe, em fogo baixo, por cerca de 15 minutos ou até que o arroz fique cozido e úmido.
4 Misture o queijo coalho picado e tampe a panela para que o vapor derreta o queijo. Sirva.

Arroz de carreteiro

Preparo
40 minutos

Rendimento
6 porções

Ingredientes

meio quilo de charque
1 colher (sopa) de óleo
meia cebola média picada
2 dentes de alho amassados
meio pimentão verde picado
4 tomates sem pele, picados
1 xícara (chá) de arroz
1 tablete de MAGGI® Caldo de Carne
meio maço de cebolinha verde picada

Preparo

1. Em uma panela de pressão, cozinhe o charque com água por cerca de 20 minutos. Escorra a água da panela e corte o charque em cubinhos. Reserve.
2. Em uma panela, aqueça o óleo e refogue a cebola, o alho e o pimentão. Junte o charque e deixe fritar até dourar. Acrescente os tomates e, em seguida, o arroz. Acrescente o MAGGI® Caldo dissolvido em 2 xícaras (chá) de água quente para cozinhar o arroz, sem deixar secar totalmente.
3. Acrescente a cebolinha verde e sirva.

Dicas **1.** Se desejar, polvilhe queijo parmesão ralado antes de servir.
2. Se preferir, utilize uma panela de ferro para preparar o arroz.

Moqueca de peixe

Preparo
1 hora e
30 minutos

Rendimento
8 porções

Assista ao vídeo da receita

Ingredientes

- 1 quilo de peixe em postas (garoupa ou cação)
- 2 colheres (sopa) de MAGGI® Fondor
- 3 colheres (sopa) de suco de limão
- 2 cebolas grandes em rodelas
- 1 pimentão verde em rodelas
- 1 pimentão vermelho em rodelas
- 4 tomates maduros em rodelas
- 2 colheres (sopa) de coentro picado
- 1 vidro de leite de coco (200ml)
- 1 colher (sopa) de azeite de dendê

Preparo

1. Em um recipiente, tempere as postas de peixe com o MAGGI® Fondor e o suco de limão e deixe tomar gosto, por cerca de 30 minutos, em geladeira.
2. Em uma panela de fundo largo, arrume metade das cebolas, cubra com metade das postas de peixe, dos pimentões e dos tomates.
3. Polvilhe um pouco de coentro, e repita as camadas, finalizando com o coentro.
4. Tampe a panela e cozinhe em fogo baixo por 20 minutos.
5. Coloque o leite de coco, regue com o azeite de dendê e cozinhe por mais 3 minutos.
6. Sirva com arroz branco.

Dica Se desejar, substitua o milho-verde por 4 latas de milho-verde em conserva escorrido.

Acarajé de milho-verde

Preparo
1 hora e 30 minutos

Rendimento
50 unidades

Ingredientes

Massa

8 espigas médias de milho-verde, raladas
8 colheres (sopa) de Leite Líquido NINHO® Forti+ Integral
1 e meia colher (sopa) de MAGGI® Fondor
2 ovos
2 colheres (sopa) de coentro picado
1 colher (sopa) de cebola ralada
10 colheres (sopa) de farinha de trigo
2 colheres (chá) de fermento em pó
1 litro de azeite de dendê ou óleo, para fritar

Recheio

meio quilo de camarão pequeno limpo
1 colher (sopa) de MAGGI® Fondor
suco de meio limão
2 colheres (sopa) de azeite
1 dente de alho amassado
meia cebola picada
1 tomate grande, sem pele e sem sementes, picado
4 colheres (sopa) de coentro picado
1 colher (sopa) de farinha de trigo
1 colher (sopa) de azeite de dendê

Preparo

Massa

1 Em um recipiente, misture o milho-verde, o Leite NINHO®, o MAGGI® Fondor, os ovos, o coentro, a cebola, a farinha de trigo e o fermento em pó, até ficar homogêneo.
2 Modele porções dessa massa com o auxílio de 2 colheres e frite-as no azeite de dendê ou óleo bem quente.
3 Escorra em papel toalha e reserve mantendo os acarajés aquecidos.

Recheio

4 Em um recipiente, tempere os camarões com o MAGGI® Fondor e o suco de limão e deixe tomar gosto por cerca de 15 minutos, em geladeira.
5 Em uma panela, aqueça o azeite e doure o alho e a cebola. Junte o camarão, o tomate e o coentro.
6 Dissolva a farinha em um pouco de água e coloque no refogado.
7 Junte o azeite de dendê, mexa bem e retire do fogo.
8 Corte os acarajés ao meio e recheie-os com o camarão. Sirva-os bem quentes.

Feijoada

Preparo
2 horas

Rendimento
16 porções

Ingredientes

meio quilo de feijão-preto
250 g de carne-seca salgada
250 g de lombo de porco salgado
250 g de costeleta de porco salgada
1 linguiça tipo paio
250 g de linguiça calabresa
suco de 2 laranjas
150 g de toucinho ou bacon
2 cebolas picadas
2 dentes de alho amassados
2 tabletes de MAGGI® Caldo de Carne

Preparo

1 De véspera, coloque o feijão e as carnes salgadas de molho, separadamente, trocando a água das carnes algumas vezes.
2 No dia seguinte, cozinhe o feijão em 3 litros de água.
3 Lave novamente as carnes e cozinhe-as em outra panela com água. Escorra.
4 Quando o feijão estiver quase cozido, junte as carnes e a linguiça paio e calabresa, picadas.
5 Acrescente o suco das laranjas e retire a espuma que se formar na superfície, com uma escumadeira. Se necessário, adicione mais água.

Assista ao vídeo da receita

6 Em uma panela, coloque o toucinho até que esteja dourado. Retire o excesso de gordura e reserve.
7 Na mesma panela, refogue a cebola e o alho. Acrescente o MAGGI® Caldo esfarelado, um pouco de caldo de feijão e deixe refogar bem.
8 Junte à feijoada, misture bem e deixe no fogo por cerca de 20 minutos. Sirva.

Dicas 1. Na hora da compra, escolha quiabos de tamanho pequeno ou médio. **2.** Para evitar a "baba" do quiabo, junte algumas gotas de limão durante o cozimento.

1 cebola em rodelas
1 tomate sem pele e sem sementes, picado
2 tabletes de MAGGI® Caldo de Galinha

Preparo

1 Em um recipiente, coloque o frango e regue com o suco de limão. Reserve.
2 Em uma panela, aqueça 1 colher (sopa) de óleo e refogue bem os quiabos. Retire-os da panela e reserve.
3 Na mesma panela, aqueça o restante do óleo e doure os pedaços de frango por cerca de 15 minutos.
4 Junte a cebola, o tomate e refogue mais um pouco.
5 Adicione 1 xícara (chá) de água fervente e os tabletes de MAGGI® Caldo, mexendo bem para dissolvê-los.
6 Deixe cozinhar com a panela destampada, por aproximadamente 10 minutos.
7 Acrescente o quiabo reservado e deixe cozinhar por mais 5 minutos, sacudindo a panela de vez em quando. Sirva.

Vaca atolada

Preparo
1 hora e 10 minutos

Rendimento
8 porções

Ingredientes

1 quilo de costela de boi em pedaços
suco de 1 limão
meia colher (sopa) de óleo
1 dente de alho amassado
2 cebolas picadas
1 folha de louro
2 tabletes de MAGGI® Caldo de Costela
1 quilo de mandioca em pedaços
1 colher (sopa) de salsa picada
2 colheres (sopa) de coentro picado

Preparo

1 Em um recipiente, tempere a costela com o suco de limão.
2 Em uma panela de pressão, aqueça o óleo e doure as costelas. Acrescente o alho e a cebola e refogue. Junte o louro, os tabletes de MAGGI® Caldo e adicione 1 litro de água fervente.
3 Tampe a panela e cozinhe em fogo baixo, até que a carne esteja macia (cerca de 30 minutos, após pegar pressão).
4 Espere sair a pressão, acrescente a mandioca e deixe cozinhar em panela destampada, por cerca de 15 minutos ou até amolecer e formar um caldo encorpado.
5 Polvilhe a salsa e o coentro e sirva a seguir, acompanhado de arroz branco e couve refogada.

Galinhada

Preparo
1 hora e
40 minutos

Rendimento
6 porções

Ingredientes

1 quilo de sobrecoxa de frango
1 pitada de pimenta-do-reino
3 dentes de alho amassados
meia xícara (chá) de vinho branco
1 tablete de MAGGI® Caldo de Galinha
3 colheres (sopa) de azeite
1 cebola picada
meio pimentão vermelho picado
meio pimentão verde picado
meio pimentão amarelo picado
2 tomates sem pele picados
4 colheres (sopa) de azeitonas verdes picadas
2 xícaras (chá) de arroz
2 colheres (sopa) de cebolinha verde picada

Preparo

1 Em um recipiente, tempere o frango com a pimenta-do-reino, o alho, o vinho branco e o MAGGI® Caldo esfarelado e deixe marinar por cerca de 20 minutos. Em seguida, retire o frango e reserve o caldo.
2 Em uma panela, aqueça o azeite e refogue o frango até dourar. Acrescente a cebola, os pimentões, os tomates, as azeitonas verdes e a marinada.
3 Tampe a panela e deixe cozinhar por cerca de 15 minutos ou até que o frango esteja macio.
4 Acrescente o arroz na panela com o frango e 4 xícaras (chá) de água. Coloque a cebolinha verde e misture bem, deixando cozinhar por cerca de 25 minutos. Sirva.

Dica Se desejar, polvilhe queijo parmesão ralado antes de servir.

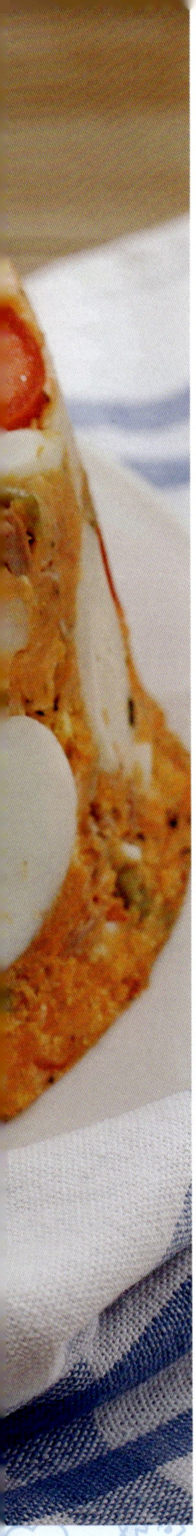

Cuscuz com atum

Preparo
30 minutos

Rendimento
8 porções

Ingredientes

Cuscuz

3 colheres (sopa) de azeite
1 cebola média picada
1 dente de alho amassado
1 lata de atum sólido em água escorrido
2 sachês de MAGGI® Tempero e Sabor Legumes
1 tomate, sem sementes, picado
meia xícara (chá) de ervilha em conserva escorrida
1 vidro pequeno de palmito (200 g)
1 ovo cozido picado
2 colheres (sopa) de salsa picada
2 xícaras (chá) de farinha de milho

Montagem

1 tomate em rodelas
1 ovo cozido em rodelas

Preparo

Cuscuz

1 Em uma panela, aqueça o azeite e refogue a cebola e o alho. Acrescente o atum, o MAGGI® Tempero e Sabor, o tomate, a ervilha e refogue.
2 Pique os palmitos, reservando 1 unidade para a decoração, e acrescente ao refogado. Junte o ovo, a salsa e 2 xícaras (chá) de água fervente, mexa bem e deixe ferver.
3 Polvilhe a farinha de milho sobre o refogado, aos poucos, mexendo bem até incorporar completamente. Reserve.

Montagem

4 Forre o fundo e as laterais de uma forma de furo central (23 cm de diâmetro) com o palmito reservado, o tomate e o ovo e distribua o cuscuz, apertando ligeiramente. Vire-o sobre um prato e sirva.

Pamonha de milho-verde

Preparo
1 hora e
30 minutos

Rendimento
14 unidades

Ingredientes

12 espigas médias de milho-verde
1 Leite MOÇA® (lata ou caixinha) 395 g
4 colheres (sopa) de açúcar
meia xícara (chá) de Leite Líquido NINHO® Forti+ Integral

Preparo

1 Descasque o milho, limpe e lave as espigas e as folhas.
2 Debulhe o milho, cortando os grãos rente ao sabugo.
3 Coloque os grãos no liquidificador e acrescente o Leite MOÇA®, o açúcar e o Leite NINHO®. Bata bem até ficar homogêneo. Reserve.
4 Em uma panela, afervente rapidamente as folhas do milho para amolecerem.
5 Separe as menores e desfie formando tiras estreitas.
6 Segure a folha no sentido do comprimento e faça duas dobras sobrepostas. Dobre ao meio, unindo as extremidades abertas.
7 Segure o pacote pela extremidade e encha-o com o creme de milho, deixando bastante espaço vazio na borda. Feche o pacote, amarrando com a tira reservada.
8 Cozinhe em água fervente, por 30 minutos ou até que a palha amarele e as pamonhas fiquem firmes.
9 Retire da água e escorra. Sirva quente ou fria.

Dicas **1.** Para fazer os pacotes é importante que as espigas estejam intactas, totalmente revestidas pela palha. **2.** Se desejar, despeje a pamonha em um recipiente refratário médio e leve ao forno médio (180°C), preaquecido, em banho-maria, por cerca de 1 hora ou até dourar. **3.** Se desejar, substitua o Leite NINHO® pela mesma quantidade de leite de coco. **4.** Se desejar, acrescente 1 colher (chá) de canela em pó ao creme da pamonha.

Cuquinha de banana

Preparo
1 hora e 30 minutos

Rendimento
16 porções

Ingredientes

Recheio
1 lata de Leite MOÇA® 395g
5 bananas-nanicas maduras em rodelas

Farofa
meia xícara (chá) de açúcar
4 colheres (sopa) de castanhas-de-caju picadas
meia xícara (chá) de farinha de trigo
2 colheres (sopa) de manteiga
meia colher (chá) de canela em pó

Massa
1 xícara (chá) de manteiga
1 xícara (chá) de açúcar
3 ovos
1 xícara (chá) de Leite Líquido NINHO® Forti+ Integral
2 e meia xícaras (chá) de farinha de trigo
1 xícara (chá) de amido de milho
1 colher (chá) de fermento em pó

Preparo

Recheio

1 Retire o rótulo e o excesso de cola da lata de Leite MOÇA®, coloque-a fechada em uma panela de pressão e adicione água suficiente para cobri-la.
2 Tampe a panela e cozinhe em fogo médio por 15 minutos (contados após início da fervura).
3 Espere sair toda a pressão, abra a panela, retire a lata com cuidado e deixe esfriar antes de abrir.
4 Transfira o conteúdo para um recipiente e misture para ficar homogêneo. Reserve.

Farofa

5 Em um recipiente, misture bem todos os ingredientes até obter uma farofa homogênea. Reserve.

Massa

6 Em uma batedeira, bata a manteiga, o açúcar e os ovos até formar uma mistura esbranquiçada. Junte o Leite NINHO®, a farinha de trigo, o amido de milho e o fermento em pó, peneirados, e misture bem até ficar homogêneo.
7 Distribua a massa em 16 forminhas de minibolo inglês (8 cm × 5 cm × 3 cm). Coloque uma camada de doce de leite reservado, uma camada de banana e finalize com a farofa.
8 Leve ao forno médio-alto (200°C), preaquecido, por cerca de 50 minutos ou até dourar.

Chico balanceado

Preparo
50 minutos

Rendimento
16 porções

Assista ao vídeo
da receita

Ingredientes

Banana
1 xícara (chá) de açúcar
3 bananas-nanicas cortadas no sentido do comprimento

Creme
1 Leite MOÇA® (lata ou caixinha) 395 g
1 e meia xícara (chá) de Leite Líquido NINHO® Forti+ Integral
4 gemas
meia colher (sopa) de amido de milho

Cobertura
4 claras
1 xícara (chá) de açúcar

Preparo

Banana
1 Em uma panela de fundo largo, derreta o açúcar até ficar dourado. Junte meia xícara (chá) de água quente e mexa com uma colher. Deixe ferver até dissolver os torrões de açúcar e a calda engrossar.
2 Espere amornar, distribua em um refratário retangular (22 cm × 33 cm) e coloque as bananas. Reserve.

Creme
3 Em uma panela, junte o Leite MOÇA®, o Leite NINHO®, as gemas e o amido de milho e leve ao fogo médio, mexendo sempre para não formar grumos, por cerca de 5 minutos ou até engrossar. Distribua o creme sobre as bananas. Reserve.

Cobertura
4 Em uma panela, misture as claras e o açúcar e leve ao fogo baixo, mexendo sem parar, por 3 minutos, tirando a panela do fogo por alguns instantes a cada minuto, continuando a mexer para não cozinhar.
5 Transfira para uma batedeira e bata até dobrar de volume e formar um merengue consistente.
6 Distribua a cobertura e leve ao forno médio (180°C), preaquecido, por cerca de 5 minutos ou até dourar o merengue.

Ambrosia

Preparo
1 hora

Rendimento
8 porções

Dicas Use uma panela bem grande, para evitar que a mistura entorne quando estiver fervendo. Se desejar, acrescente no leite raspas da casca de limão.

Ingredientes

1 Leite MOÇA® (lata ou caixinha) 395 g
500 ml de Leite Líquido NINHO® Forti+ Integral
2 pedaços de canela em pau
3 cravos-da-índia
4 ovos

Preparo

1. Em uma panela de fundo largo, leve ao fogo o Leite MOÇA®, o Leite NINHO®, a canela em pau e os cravos-da-índia e deixe ferver. Reserve.
2. Em uma batedeira, bata as claras em neve, acrescente as gemas uma a uma, e continue batendo até que fique bem leve.
3. Despeje na mistura reservada e deixe cozinhar em fogo baixo. Quando a parte de baixo estiver cozida e firme, corte em quatro e vire os pedaços com o auxílio de uma espátula, para que cozinhem por igual.
4. Retire do fogo e coloque em uma compoteira. Sirva gelado.

Pé de moleque

Preparo
1 hora e
30 minutos

Rendimento
30 unidades

Ingredientes

1 xícara (chá) de açúcar
1 xícara (chá) de amendoim sem pele e sem sal, torrado
1 Leite MOÇA® (lata ou caixinha) 395 g

Preparo

1 Em uma panela, misture o açúcar e o amendoim e leve ao fogo baixo, mexendo sempre até o açúcar caramelizar, sem deixar escurecer.
2 Adicione o Leite MOÇA® em fio e mexa com uma colher de cabo longo, por cerca de 15 minutos ou até a massa se desprender do fundo da panela.
3 Unte uma superfície lisa de mármore ou assadeira com manteiga, despeje a mistura e nivele com a ajuda de uma espátula ou rolo de massa.
4 Deixe esfriar e corte em pedaços.

Recebendo os amigos

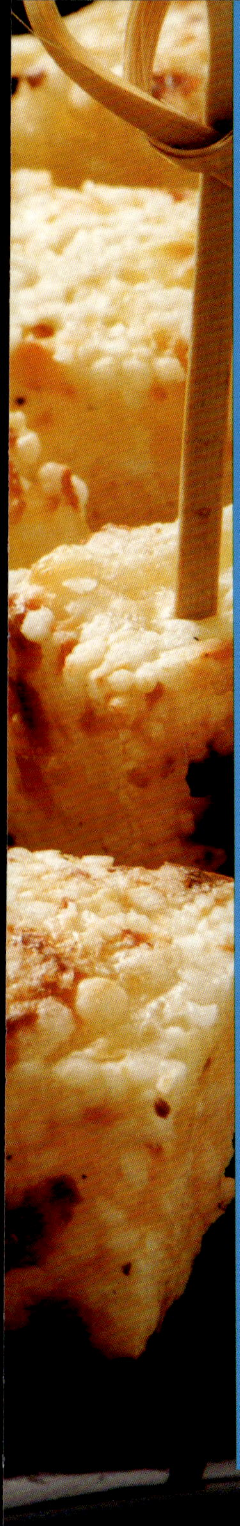

Bruschettas de tomate e mozarela de búfala

Preparo
30 minutos

Rendimento
10 unidades

Assista ao vídeo da receita

Ingredientes

10 fatias finas de pão italiano (pequeno) ou ciabatta
1 dente de alho descascado
3 tomates, sem pele e sem sementes, picados
1 colher (sopa) de azeite
2 colheres (sopa) de manjericão fresco picado
1 envelope de MAGGI® Tempero e Sabor Legumes
100 g de mozarela de búfala picada
2 colheres (sopa) de queijo parmesão ralado

Preparo

1 Em uma assadeira grande espalhe as fatias de pão e leve-as ao forno médio (180°C), preaquecido, por cerca de 10 minutos, ou até que fiquem crocantes (sem dourar).
2 Retire do forno e esfregue o alho sobre cada uma das fatias. Reserve.
3 Em um recipiente misture os tomates, o azeite, o manjericão e o MAGGI® Tempero e Sabor e deixe marinar por cerca de 15 minutos. Reserve.
4 Sobre as fatias reservadas, coloque um pouco de tomates marinados, cubra com um pouco de mozarela de búfala e polvilhe o queijo parmesão.
5 Leve novamente ao forno médio-alto (200°C), preaquecido, por cerca de 3 minutos.
6 Sirva a seguir.

Dadinhos de tapioca com molho picante

Preparo
2 horas e 40 minutos

Rendimento
90 unidades

Ingredientes

2 xícaras (chá) de Leite Líquido NINHO® Forti+ Integral
1 stick de MAGGI® Meu Segredo
1 pitada de pimenta-do-reino
2 e meia xícaras (chá) de queijo coalho ralado grosso (250 g)
1 e meia xícara (chá) de tapioca granulada (250 g)

Molho Picante

meia pimenta dedo-de-moça sem sementes, picada
2 colheres (sopa) de açúcar mascavo
1 maçã pequena ralada
1 colher (sopa) de ketchup
1 pitada de canela em pó
1 pitada de cravo-da-índia

Preparo

1 Em uma panela, aqueça o Leite NINHO® com o MAGGI® Meu Segredo e a pimenta-do-reino até ferver.
2 Em um recipiente acrescente o queijo coalho e a tapioca, e regue com o leite fervente. Misture bem até ficar homogêneo.
3 Transfira essa mistura para um recipiente refratário forrado com plástico-filme e leve para gelar por cerca de 2 horas, ou até a massa estar firme.
4 Corte em quadradinhos, e coloque-os em uma assadeira antiaderente.
5 Leve ao forno médio (180°C), preaquecido, por cerca de 30 minutos, virando na metade do tempo, ou até estarem dourados.

Molho Picante

6 Em uma panela misture todos os ingredientes com meia xícara (chá) de água e cozinhe até engrossar levemente.
7 Sirva com os dadinhos de tapioca.

Guacamole

Preparo
20 minutos

Rendimento
6 porções

Ingredientes

1 abacate médio picado
1 cebola roxa picada
2 tomates sem sementes, picados
1 stick de MAGGI® Meu Segredo
2 colheres (sopa) de azeite
suco de 1 limão
meia pimenta dedo-de-moça, sem sementes, picada
2 colheres (sopa) de coentro picado
1 pacote de nachos (150 g)

Preparo

1 Em um recipiente, misture bem todos os ingredientes.
2 Sirva com os nachos.

Trio de patês

Preparo 15 minutos

Rendimento 20 porções

Ingredientes

1 lata de NESTLÉ® Creme de Leite
1 pacote de MAGGI® Creme de Cebola

Limão e Ervas

raspas da casca de meio limão
3 colheres (sopa) de ervas (tomilho, salsa e cebolinha)

Mostarda com Nozes

1 colher (chá) de mostarda
1 colher (sopa) de nozes

Atum com Salsa

2 colheres (sopa) de atum sólido em água
1 colher (sopa) de salsa picada

Assista ao vídeo da receita

Preparo

1 Em um recipiente, misture bem o NESTLÉ® Creme de Leite com o MAGGI® Creme de Cebola até ficar homogêneo. Divida em 3 partes iguais.

Limão e Ervas

2 Em uma das partes, acrescente as raspas de limão e as ervas. Reserve.

Mostarda com Nozes

3 Na segunda parte, acrescente a mostarda e as nozes. Reserve.

Atum com Salsa

4 E na última parte, acrescente o atum e a salsa. Reserve.

5 Sirva os patês com torradinhas ou palitos de vegetais.

Grissini sem glúten

Preparo
20 minutos

Rendimento
60 palitinhos (15 porções) e 6 porções de patê

Ingredientes

Patê de Tomate Seco

1 caixinha de NESTLÉ® Creme de Leite
meia xícara (chá) de tomate seco
1 colher (sopa) de manjericão fresco
1 pitada de sal

Grissini

meia xícara (chá) de Leite Líquido NINHO® Forti+ Integral
meia xícara (chá) de azeite
2 xícaras (chá) de polvilho doce
meia xícara (chá) de polvilho azedo
meia xícara (chá) de queijo minas ralado
1 ovo
1 colher (chá) de sal

Preparo

Patê de Tomate Seco

1 Em um liquidificador, bata todos os ingredientes até obter uma mistura homogênea. Reserve na geladeira.

Grissini

2 Em uma panela, ferva o Leite NINHO® e o azeite.
3 Em um recipiente, misture os polvilhos e sobre eles, despeje a mistura fervente. Com o auxílio de uma colher, mexa bem até incorporar todo o líquido. Adicione o queijo minas, o ovo e o sal.
4 Espere amornar e sove a massa até ficar homogênea.
5 Separe a massa em partes, e adicione flor de sal, ervas, especiarias ou queijo parmesão, conforme sua preferência.
6 Modele em palitinhos e coloque-os em uma assadeira untada com azeite.
7 Pincele cada um deles com um pouco de azeite e polvilhe com mais um pouco de flor de sal, ervas, especiarias ou parmesão.
8 Leve ao forno médio-alto (200°C), preaquecido, por cerca de 15 minutos ou até estarem dourados.
9 Sirva acompanhado do patê reservado.

Dica Se desejar um molho de tomate caseiro, faça uma cruz na base de 5 tomates e coloque-os em uma panela com água fervente, deixando-os em ebulição por cerca de 5 minutos. Tire-os da água, retire a casca e bata-os no liquidificador, e reserve, para usar para as pizzas.

Pizza de calabresa, alho-poró e mozarela

Preparo
1 hora e
30 minutos

Rendimento
2 pizzas grandes
(8 pedaços)

Ingredientes

Massa

2 tabletes de fermento biológico (15 g cada)
1 colher (sopa) de açúcar
1 ovo
1 xícara (chá) de Leite Líquido NINHO® Forti+ Integral morno
4 colheres (sopa) de azeite
meio quilo de farinha de trigo

Recheio

meia colher (sopa) de azeite
1 talo de alho-poró em rodelas
1 xícara (chá) de molho de tomate
200 g de queijo mozarela ralado
2 linguiças calabresas defumadas em fatias finas (250 g)
azeitonas pretas sem caroço
orégano
10 folhas de manjericão

Preparo

Massa

1 Em um recipiente dissolva os tabletes de fermento com o açúcar. Junte o ovo, o Leite NINHO®, o azeite e misture bem. Acrescente a farinha de trigo aos poucos e misture até que forme uma massa homogênea que desgrude levemente das mãos.
2 Cubra com plástico-filme e deixe crescer por cerca de 30 minutos, ou até dobrar de volume.
3 Abra 2 discos de espessura média com o auxílio de um rolo sobre uma superfície polvilhada com farinha, fazendo uma dobrinha nas extremidades para fazer a borda.
4 Coloque em uma assadeira (35 cm de diâmetro), untada com azeite, e leve para pré-assar em forno médio (180°C), preaquecido, por 8 minutos. Reserve.

Recheio

5 Em uma panela, aqueça o azeite e refogue o alho-poró até murchar. Reserve.
6 Sobre os discos de pizza pré-assados espalhe o molho de tomate. Coloque um pouco de mozarela, espalhe as rodelas de calabresa, cubra com o restante da mozarela, o alho-poró reservado, as azeitonas e polvilhe com orégano.
7 Leve para assar em forno médio-alto (200°C), preaquecido, por cerca de 10 minutos ou até que o queijo tenha derretido.
8 Espalhe as folhas de manjericão e sirva.

Torta de frango tradicional

Preparo
1 hora

Rendimento
20 porções

Assista ao vídeo da receita

Ingredientes

Massa

3 xícaras (chá) de farinha de trigo
6 colheres (sopa) de manteiga
meia lata de NESTLÉ® Creme de Leite
2 gemas
1 colher (chá) de fermento em pó
1 colher (chá) de sal

Recheio

1 colher (sopa) de óleo
4 dentes de alho picados
2 cebolas médias picadas
2 tomates médios picados
1 peito de frango grande cozido e desfiado
2 tabletes de MAGGI® Caldo de Galinha
1 vidro de palmito picado (300 g)
1 pitada de pimenta-do-reino
meia lata de NESTLÉ® Creme de Leite
2 colheres (sopa) de cheiro-verde picado
1 gema para pincelar

Preparo

Massa

1 Em um recipiente, coloque a farinha de trigo, faça uma cova no centro, adicione a manteiga, o NESTLÉ® Creme de Leite, as gemas, o fermento em pó e o sal.
2 Misture com as pontas dos dedos, até que a massa solte completamente das mãos.
3 Deixe descansar por 30 minutos na geladeira.
4 Forre o fundo e a lateral de uma forma de aro removível (26 cm de diâmetro), reservando cerca de um terço da massa para a cobertura.

Recheio

5 Em uma panela, aqueça o óleo e refogue o alho e as cebolas. Junte os tomates e refogue por 5 minutos.
6 Acrescente o frango desfiado, os tabletes de MAGGI® Caldo dissolvidos em meia xícara (chá) de água quente e refogue até secar a água.
7 Acrescente o palmito, a pimenta-do-reino, o NESTLÉ® Creme de Leite e o cheiro-verde. Misture bem e coloque sobre a massa reservada.
8 Abra a massa reservada com o auxílio de um rolo, cubra a torta, fechando bem as bordas, pincele com a gema e leve ao forno médio (180°C), preaquecido, por cerca de 40 minutos ou até dourar. Sirva.

Buraco quente

Preparo
20 minutos

Rendimento
12 porções

Ingredientes

1 colher (sopa) de óleo
meio quilo de patinho moído
1 pitada de sal
2 envelopes de MAGGI® Tempero e Sabor Carnes
1 colher (sopa) de azeite
1 cebola pequena picada
1 dente de alho picado
2 colheres (sopa) de molho inglês
meia xícara (chá) de molho de tomate
1 colher (chá) de orégano
200 g de queijo prato ralado
12 minipães franceses

Preparo

1 Em uma panela, aqueça o óleo, coloque a carne moída, o sal e o MAGGI® Tempero e Sabor. Refogue aos poucos, para não juntar suco. Retire da panela e reserve.
2 Na mesma panela, coloque o azeite e refogue a cebola e o alho até murcharem. Volte a carne para a panela e misture bem. Adicione o molho inglês, o molho de tomate, o orégano e cozinhe por cerca de 3 minutos. Desligue o fogo e reserve.
3 Corte as pontas do pão e com o auxílio de uma colher, empurre o miolo para uma das extremidades do pão (para impedir que o recheio vaze).
4 Coloque uma camada de queijo dentro do pão e por cima complete com a carne moída ainda quente. Se desejar, leve ao forno para derreter o queijo.

Hambúrguer caseiro

Preparo
50 minutos

Rendimento
15 porções

Assista ao vídeo da receita

Ingredientes

1 quilo de carne moída
1 pacote de MAGGI® Creme de Cebola
15 minipães de hambúrguer
1 pé de alface crespa picado
2 tomates em rodelas

Preparo

1 Em um recipiente, coloque a carne moída com o MAGGI® Creme de Cebola. Misture muito bem para temperar por igual.
2 Modele os hambúrgueres, abrindo porções na palma da mão ou com a ajuda de um modelador.
3 Coloque em uma assadeira untada com óleo e leve ao forno médio-alto (200°C), preaquecido, por cerca de 15 minutos.
4 Vire e deixe por mais 10 minutos ou até dourar e estarem no ponto desejado.
5 Recheie os pães com os hambúrgueres, a alface e uma rodela de tomate. Sirva.

Dica 1. Você também pode rechear cada hambúrguer com uma fatia espessa de queijo e modelar (a fatia deve ficar bem no centro, para não vazar pelas bordas). **2.** Se desejar, coloque cebola em rodelas na montagem do hambúrguer. **3.** Se preferir, grelhe os hambúrgueres em uma frigideira untada com óleo.

Pão italiano recheado

Preparo
40 minutos

Rendimento
10 porções

Ingredientes

1 pão italiano redondo inteiro (sem fatiar) (700 g)
1 pedaço de queijo gorgonzola (100 g)
1 caixinha de NESTLÉ® Creme de Leite
1 envelope de MAGGI® Tempero e Sabor Massas e Molhos
2 colheres (sopa) de manjericão fresco
1 xícara (chá) de queijo mozarela ralado grosso (200 g)

Preparo

1 Corte o pão italiano em vários cubos, sem separá-lo da base (fica como uma tartaruga). Forre uma assadeira com papel-alumínio e coloque o pão. Reserve.
2 Em um liquidificador, bata o queijo gorgonzola com o NESTLÉ® Creme de Leite e o MAGGI® Tempero e Sabor. Desligue o liquidificador, coloque o manjericão e misture com uma colher.
3 Despeje a mistura nos vãos, intercalando com o queijo mozarela.
4 Cubra com papel-alumínio e leve ao forno médio (180°C), preaquecido, por cerca de 20 minutos. Sirva.

Lanche hot dog de forno

Preparo
1 hora e 15 minutos

Rendimento
14 porções

Assista ao vídeo da receita

Ingredientes

Massa

3 tabletes de fermento biológico (45 g)
1 xícara (chá) de Leite Líquido NINHO® Forti+ Integral morno
meia xícara (chá) de manteiga derretida (100 g)
2 colheres (sopa) de açúcar
2 ovos
meia colher (chá) de MAGGI® Fondor
4 xícaras (chá) de farinha de trigo

Recheio

1 colher (sopa) de óleo
1 cebola picada
5 tomates maduros picados
300 g de salsicha em rodelas
1 colher (chá) de MAGGI® Fondor

Montagem

1 e meia xícara (chá) de queijo mozarela ralado
1 gema para pincelar

Preparo

Massa

1 Em um recipiente, dissolva o fermento biológico no Leite NINHO®. Junte a manteiga, o açúcar, os ovos e o MAGGI® Fondor e misture bem.
2 Acrescente a farinha de trigo aos poucos, mexendo bem até soltar das mãos. Cubra e deixe descansar até dobrar de volume.

Recheio

3 Em uma panela média, aqueça o óleo e doure a cebola. Junte os tomates, a salsicha, meia xícara (chá) de água e o MAGGI® Fondor e deixe cozinhar, em fogo baixo, com a panela tampada, por cerca de 10 minutos. Reserve.

Montagem

4 Abra a massa com o auxílio de um rolo e divida em duas partes iguais.
5 Forre o fundo de uma forma média (22 cm × 33 cm) com uma das partes, coloque o recheio e polvilhe o queijo mozarela.
6 Cubra com o restante da massa, fechando as laterais.
7 Pincele com a gema e leve ao forno médio-alto (200°C), preaquecido, por cerca de 30 minutos ou até dourar. Sirva.

Dica Se desejar, utilize o MOÇA® Doceria Brigadeiro no recheio.

Bolo de cenoura com brigadeiro

Preparo
1 hora

Rendimento
14 porções

Assista ao vídeo da receita

Ingredientes

Recheio e Cobertura

1 Leite MOÇA® (lata ou caixinha) 395g
3 colheres (sopa) de NESTLÉ® DOIS FRADES® Chocolate em Pó 50%
1 colher (sopa) de manteiga
1 colher (sopa) de farinha de trigo
3 colheres (sopa) de chocolate granulado

Massa

3 ovos
1 xícara (chá) de óleo
2 cenouras médias
1 e meia xícara (chá) de açúcar
3 xícaras (chá) de farinha de trigo
1 colher (sopa) de fermento em pó

Preparo

Recheio e Cobertura

1 Em uma panela, coloque o Leite MOÇA®, o NESTLÉ® DOIS FRADES® Chocolate em Pó 50% e a manteiga e leve ao fogo médio, mexendo sempre, por cerca de 8 minutos ou até desprender do fundo da panela.
2 Retire, transfira para um prato untado com manteiga e deixe esfriar.
3 Enrole metade da massa do brigadeiro e passe pela farinha de trigo. Reserve.

Massa

4 Em um liquidificador, bata os ovos, o óleo, as cenouras e o açúcar.
5 Transfira para um recipiente, junte a farinha de trigo e o fermento em pó.
6 Misture bem e coloque em uma forma redonda (24 cm de diâmetro), untada com óleo e polvilhada com farinha de trigo.
7 Distribua sobre a massa os brigadeiros reservados passados pela farinha de trigo e leve ao forno médio-alto (200°C), preaquecido, por cerca de 40 minutos.
8 Desenforme ainda morno, cubra com o brigadeiro restante e decore com o chocolate granulado.

Brigadeiro de copinho

Preparo
40 minutos

Rendimento
18 unidades

Ingredientes

1 Leite MOÇA® (lata ou caixinha) 395 g
100 g de NESTLÉ® DOIS FRADES® Cobertura Chocolate Meio Amargo picado
meia colher (sopa) de manteiga
1 caixinha de NESTLÉ® Creme de Leite
chocolate granulado para decorar

Preparo

1. Em uma panela, leve ao fogo baixo o Leite MOÇA® com o NESTLÉ® DOIS FRADES® Cobertura Chocolate Meio Amargo e a manteiga.
2. Cozinhe, mexendo sempre, até obter consistência de brigadeiro mole (que corresponde a cerca de 6 minutos).
3. Retire do fogo, acrescente o NESTLÉ® Creme de Leite e misture bem.
4. Distribua em copinhos (cerca de 30 ml de capacidade).
5. Espere esfriar e decore com granulado.

Tacinha de MOÇA® de colher e geleia

Preparo 20 minutos

Rendimento 12 unidades

Assista ao vídeo da receita

Ingredientes

1 xícara (chá) de frutas vermelhas congeladas ou frescas
1 colher (sopa) de suco de limão
2 colheres (sopa) de açúcar
meio pacote de Biscoito de Maizena TOSTINES® triturado
1 lata de MOÇA® de Colher
frutas vermelhas para decorar

Preparo

1 Em uma panela pequena, misture as frutas vermelhas, o suco de limão, o açúcar e 2 colheres (sopa) de água e leve ao fogo médio por cerca de 10 minutos ou até formar uma geleia. Reserve.
2 Em copinhos ou tacinhas, faça uma camada com a geleia de frutas vermelhas, coloque o Biscoito TOSTINES® triturado, uma camada do MOÇA® de Colher e finalize com a geleia.
3 Decore com as frutas vermelhas e sirva.

Dica Se desejar utilize uma geleia pronta de sua preferência.

Pipoca com NESCAU®

Preparo
20 minutos

Rendimento
10 porções

Ingredientes

2 colheres (sopa) de óleo
1 xícara (chá) de milho para pipoca
8 colheres (sopa) de açúcar
6 colheres (sopa) de NESCAU®

Preparo

1. Em uma panela grande, aqueça o óleo e junte o milho para pipoca. Mexa até que a pipoca comece a saltar.
2. Tampe, deixe em fogo baixo e sacuda a panela de vez em quando, até que as pipocas tenham estourado completamente.
3. Em um recipiente à parte, misture o açúcar e o NESCAU®, abra a panela cuidadosamente e acrescente essa mistura.
4. Continue mexendo, até que o NESCAU® tenha derretido e aderido às pipocas. Sirva.

Dia de festa

Coxinha

Preparo
3 horas e
20 minutos

Rendimento
80 unidades

Assista ao vídeo
da receita

Ingredientes

4 tabletes de MAGGI® Caldo de Galinha
1 quilo de peito de frango
3 batatas médias (cerca de 500 g)
2 colheres (sopa) de óleo
1 cebola ralada
2 tomates sem sementes, em cubos pequenos
3 colheres (sopa) de azeitonas verdes picadas
meia xícara (chá) de salsa picada
100 g de manteiga
5 xícaras (chá) de farinha de trigo

Montagem

farinha de rosca para empanar
4 ovos batidos
óleo para fritar

Preparo

1 Em uma panela, coloque 6 xícaras (chá) de água, 3 tabletes de MAGGI® Caldo, o peito de frango, as batatas e leve ao fogo, mexendo até o caldo dissolver. Deixe cozinhar até ficar macio.
2 Reserve o caldo do cozimento, esprema as batatas ainda quentes e reserve-as.
3 Desfie o frango.
4 Em uma panela, aqueça o óleo e doure levemente a cebola. Junte o frango desfiado, os tomates e as azeitonas verdes.
6 Adicione o MAGGI® Caldo restante, meia xícara (chá) de água quente e refogue bem, até o caldo secar.
7 Acrescente a salsa, misture e deixe esfriar. Reserve.
8 Em uma panela grande, coloque o caldo do cozimento do frango reservado - cerca de 5 xícaras (chá), as batatas espremidas e a manteiga e deixe levantar fervura.
9 Junte a farinha de trigo de uma só vez, mexendo vigorosamente, até obter uma massa homogênea. Cozinhe por mais alguns minutos, mexendo sempre até a massa estar bem cozida e desgrudar do fundo da panela.
10 Despeje sobre uma superfície e sove a massa delicadamente até esfriar.

Montagem

11 Abra pequenas porções da massa na palma da mão e recheie com o frango.
12 Modele no formato de coxinhas, passe-as pela farinha de rosca, pelos ovos batidos e novamente pela farinha de rosca.
13 Frite-as em óleo quente e escorra-as em papel toalha. Sirva.

Congelamento

Se desejar, congele as coxinhas já empanadas, porém sem estarem fritas. Embale, etiquete e leve ao freezer por até 3 meses. Para descongelar, frite-as em óleo quente.

Dicas Importante: o caldo do cozimento do frango deve ser suficiente para 5 xícaras (chá). Caso falte, complete com água para o preparo da massa.

Carne louca

Preparo
25 horas e 15 minutos

Rendimento
10 porções

Ingredientes

Carne

1 quilo de acém
2 tabletes de MAGGI® Caldo de Picanha
1 xícara (chá) de vinagre
1 folha de louro

Molho

5 colheres (sopa) de azeite
2 cebolas em rodelas
1 xícara (chá) de azeitonas verdes sem caroço, picadas
meia xícara (chá) de salsa picada
2 colheres (sopa) de vinagre

Preparo

Carne

1 Em uma panela de pressão, coloque a carne, o MAGGI® Caldo dissolvido em 2 xícaras (chá) de água fervente, o vinagre e o louro. Tampe a panela e leve ao fogo por cerca de 1 hora, após iniciar a pressão.
2 Retire do fogo, deixe sair a pressão e destampe a panela. Volte ao fogo e deixe apurar por cerca de 15 minutos.
3 Deixe esfriar e desfie a carne com o auxílio de 2 garfos. Reserve.

Molho

4 Em uma panela, aqueça 2 colheres (sopa) de azeite e refogue a cebola e as azeitonas. Acrescente a salsa e o vinagre e mexa bem.
5 Em uma travessa, misture o molho com a carne reservada, regue com o azeite restante e cubra com papel-alumínio.
6 Leve à geladeira, por cerca de 24 horas para tomar gosto. Sirva fria ou quente.

Dica Se desejar, sirva acompanhada de pão francês.

Quibe

Preparo
40 minutos

Rendimento
20 unidades

Ingredientes

Massa

200 g de trigo para quibe
meio quilo de carne moída (coxão mole ou patinho)
1 pacote de MAGGI® Creme de Cebola
2 colheres (sopa) de folhas de hortelã picadas

Recheio

3 colheres (sopa) de óleo
1 cebola ralada
200 g de carne moída (coxão mole ou patinho)
1 colher (chá) de sal
1 pitada de pimenta-do-reino
2 colheres (sopa) de salsa picada
óleo para fritar

Preparo

Massa

1 Em um recipiente, coloque o trigo de molho em água fria, suficiente para cobri-lo, por cerca de 20 minutos.
2 Retire e esprema para tirar toda a água.
3 Em um recipiente, misture bem o trigo, a carne moída, o MAGGI® Creme de Cebola e as folhas de hortelã e reserve.

Recheio

4 Em uma panela, aqueça o óleo e refogue a cebola. Junte a carne moída e refogue até dourar. Acrescente o sal, a pimenta-do-reino e a salsa picada e misture bem.
7 Modele os quibes abrindo porções da massa reservada na palma da mão, faça uma cavidade no centro e recheie com a carne refogada.
8 Frite os quibes em óleo quente até dourarem por igual e deixe escorrer o excesso de gordura sobre papel toalha.
9 Sirva com fatias de limão.

Congelamento

Para congelar os salgadinhos, coloque-os em uma bandeja, cubra com plástico-filme para uso culinário e leve ao freezer por cerca de 5 horas. Quando já estiverem congelados, embale-os, etiquete e leve ao freezer por até 3 meses. No momento de servir, frite-os ainda congelados.

Mini cachorro-quente

Preparo
20 minutos

Rendimento
10 porções

Dica Se desejar, sirva acompanhado de purê de batatas ou batata palha.

Ingredientes

meia colher (sopa) de óleo
1 cebola em rodelas
1 sachê de purê de tomate
10 salsichas mini (ou cinco cortadas ao meio)
1 envelope de MAGGI® Tempero e Sabor Massas e Molhos
10 minipães de cachorro--quente

Preparo

1 Em uma panela, aqueça o óleo e refogue a cebola até dourar. Junte o purê de tomate, as salsichas, o MAGGI® Tempero e Sabor e misture. Adicione 1 xícara (chá) de água e cozinhe em fogo baixo por cerca de 5 minutos.
2 Recheie os pães e sirva.

Bolinhas de queijo

Preparo
1 hora

Rendimento
40 unidades

Ingredientes

1 e meia xícara (chá) de Leite Líquido NINHO® Forti+ Integral
1 tablete de MAGGI® Caldo de Legumes
4 colheres (sopa) de manteiga
1 xícara (chá) de farinha de trigo
3 colheres (sopa) de salsa picada
100 g de queijo mozarela em cubos pequenos
meia xícara (chá) de farinha de rosca
2 ovos batidos

Preparo

1 Em uma panela, aqueça o Leite NINHO®, dissolva o MAGGI® Caldo e reserve.
2 Em fogo baixo, derreta a manteiga e doure ligeiramente a farinha de trigo.
3 Aos poucos, acrescente o leite reservado, mexendo rapidamente para não formar grumos. Continue mexendo até que a massa solte do fundo da panela.
5 Misture a salsa, retire do fogo e deixe esfriar.
6 Porcione pequenas quantidades de massa e recheie-as com um pedaço de queijo mozarela. Enrole em forma de bolinhas, passe-as na farinha de rosca, a seguir nos ovos batidos e mais uma vez na farinha de rosca.
8 Frite-as em óleo quente. Escorra em papel toalha e sirva a seguir.

Congelamento

Para congelar as bolinhas, coloque-as em uma bandeja, cubra com plástico-filme e leve ao freezer por cerca de 5 horas. Quando já estiverem congeladas, embale-as, etiquete e leve ao freezer por até 3 meses. No momento de servir, frite-as ainda congeladas.

Croquete de carne

Preparo
1 hora

Rendimento
30 unidades

Ingredientes

meio quilo de acém ou patinho
2 tabletes de MAGGI® Caldo de Carne
2 colheres (sopa) de farinha de trigo
1 colher (sopa) de salsa picada
1 colher (sopa) de cebolinha verde picada
2 ovos batidos
1 xícara (chá) de farinha de rosca

Preparo

1 Em uma panela de pressão, coloque a carne e leve para cozinhar com o MAGGI® Caldo e 1 e meia xícara (chá) de água. Deixe por cerca de 20 minutos após iniciar fervura.
2 Desligue o fogo, retire a pressão da panela, abra e espere amornar. Coloque a carne e o caldo que se formou em um liquidificador (deve se formar cerca de 1 xícara (chá) de caldo). Ligue e desligue o liquidificador até que a carne fique finamente desfiada.
3 Em uma panela, coloque a carne e a farinha de trigo e leve ao fogo baixo, mexendo sempre. Quando desprender do fundo da panela, junte a salsa e a cebolinha verde e retire do fogo. Espere a massa esfriar.
4 Modele os croquetes, passe-os pelo ovo batido e pela farinha de rosca. Frite quatro ou cinco croquetes de cada vez, em óleo bem quente. Quando estiverem dourados, escorra-os em papel toalha e sirva a seguir.

Congelamento

Para congelar os croquetes, coloque-os em uma bandeja, cubra com plástico-filme para uso culinário e leve ao freezer por cerca de 5 horas. Quando já estiverem congelados, embale-os, etiquete e leve ao freezer por até 3 meses. No momento de servir, frite-os ainda congelados.

Dicas **1.** Não recomendamos passar a carne pelo processador, pois a consistência fica pastosa. **2.** Se desejar, substitua a carne cozida por cerca de 2 xícaras (chá) de sobras de carne assada ou carne de panela desfiada.

Brigadeiro

Preparo
45 minutos

Rendimento
40 unidades

Assista ao vídeo
da receita

Ingredientes

1 Leite MOÇA® (lata ou caixinha) 395 g
3 colheres (sopa) de NESTLÉ® DOIS FRADES® Chocolate em Pó 50%
1 colher (sopa) de manteiga
1 xícara (chá) de chocolate granulado

Preparo

1 Em uma panela, coloque o Leite MOÇA® com o NESTLÉ® DOIS FRADES® Chocolate em Pó 50% e a manteiga.
2 Misture bem e leve ao fogo baixo, mexendo sempre até desprender do fundo da panela (cerca de 8 minutos).
3 Retire do fogo, passe para um prato untado com manteiga e deixe esfriar.
4 Com as mãos untadas, enrole em bolinhas e passe-as no granulado. Sirva em forminhas de papel.

Dica Se quiser fazer carinhas de urso, molde uma orelha de cada lado do docinho, faça os olhos com confeito prateado e, para o focinho, use um cravo-da-índia.

Beijinho de coco

Preparo
30 minutos

Rendimento
40 unidades

Assista ao vídeo da receita

Ingredientes

1 Leite MOÇA® (lata ou caixinha) 395g
1 colher (sopa) de manteiga
4 colheres (sopa) de coco seco ralado
coco seco ralado para passar os docinhos
40 cravos-da-índia para decorar

Preparo

1 Em uma panela, coloque o Leite MOÇA® e a manteiga. Leve ao fogo baixo, mexendo sempre até desprender do fundo da panela.
2 Retire do fogo, misture o coco, coloque em um prato untado com manteiga e deixe esfriar.
3 Enrole os docinhos, passe pelo coco ralado e decore-os com um cravo-da-índia. Coloque em forminhas de papel.

Congelamento

Se desejar, congele os docinhos já prontos, embalados e etiquetados, em freezer por até 3 meses. Para descongelar, deixe os docinhos por cerca de 1 hora em temperatura ambiente. Não abra a embalagem durante este período para evitar que os docinhos suem e molhem as forminhas.

Cajuzinho

Preparo
30 minutos

Rendimento
45 unidades

Ingredientes

1 Leite MOÇA® (lata ou caixinha) 395 g
1 colher (sopa) de manteiga
1 xícara (chá) de amendoim sem pele e sem sal, torrado e moído
1 colher (sopa) de NESTLÉ® DOIS FRADES® Cacau em Pó 100%
1 xícara (chá) de açúcar cristal
amendoins inteiros para decorar

Preparo

1 Em uma panela, coloque o Leite MOÇA®, a manteiga, o amendoim e o NESTLÉ® DOIS FRADES® Cacau em Pó 100%.
2 Leve ao fogo baixo, mexendo sempre, até desprender do fundo da panela (cerca de 8 minutos).
3 Retire do fogo, passe para um prato untado com manteiga e deixe esfriar.
4 Modele os cajuzinhos, passe pelo açúcar cristal e decore-os com um amendoim.
5 Coloque em forminhas de papel.

Bolo gelado com coco

Preparo
1 hora

Rendimento
20 porções

Ingredientes

Massa
4 ovos
2 xícaras (chá) de açúcar
2 xícaras (chá) de farinha de trigo
1 colher (sopa) de fermento em pó

Creme
1 Leite MOÇA® (lata ou caixinha) 395 g
1 vidro de leite de coco
1 xícara (chá) de Leite Líquido NINHO® Forti+ Integral

Finalização
200 g de coco seco ralado

Preparo

Massa
1 Em uma batedeira, bata as gemas com 8 colheres (sopa) de água até ficar esbranquiçado. Junte o açúcar e deixe bater.
2 Retire da batedeira, misture a farinha de trigo e reserve.
3 Bata as claras em neve e incorpore delicadamente à massa reservada. Acrescente o fermento em pó e despeje em uma assadeira retangular (23 cm × 32 cm) untada com manteiga e polvilhada com farinha de trigo.
4 Leve para assar em forno médio (180°C), preaquecido, por cerca de 30 minutos. Corte o bolo em quadrados e reserve.

Creme
5 Em uma panela, misture todos os ingredientes e leve ao fogo médio até levantar fervura, mexendo de tempos em tempos.
6 Passe os pedaços de bolo pelo creme e, em seguida, cubra com o coco ralado.
7 Embrulhe em papel-alumínio ou plástico-filme e leve para gelar.

Bolo KITKAT® com frutas vermelhas

Preparo
3 horas e 10 minutos

Rendimento
30 porções

Assista ao vídeo da receita

Ingredientes

Massa
6 ovos
1 xícara (chá) de açúcar
1 xícara (chá) de Leite Líquido NINHO® Forti+ Integral morno
2 xícaras (chá) de farinha de trigo
1 xícara (chá) de NESTLÉ® DOIS FRADES® Chocolate em Pó 50%
1 colher (sopa) de fermento em pó

Recheio e Cobertura
300 g de NESTLÉ® DOIS FRADES® Cobertura Chocolate Meio Amargo picado
1 lata de NESTLÉ® Creme de Leite

Montagem
2 xícaras (chá) de frutas vermelhas picadas
10 tabletes de KITKAT® ao Leite
5 morangos em fatias
10 frutas vermelhas frescas (amora e framboesa)

Preparo

Massa
1 Em uma batedeira, bata os ovos até dobrar de volume.
2 Junte o açúcar e bata mais um pouco. Diminua a velocidade da batedeira e junte o Leite NINHO®. Bata mais um pouco e desligue a batedeira.
3 Acrescente a farinha de trigo, o NESTLÉ® DOIS FRADES® Chocolate em Pó 50% e o fermento em pó, peneirados, aos poucos, e misture até ficar homogêneo.
4 Coloque a massa em uma forma de bordas altas (20 cm de diâmetro × 8 cm de altura), untada com manteiga e polvilhada com farinha de trigo, e leve ao forno médio (180°C), preaquecido, por cerca de 30 minutos.
5 Deixe esfriar completamente e reserve.

Recheio e Cobertura
6 Em um recipiente refratário, derreta o NESTLÉ® DOIS FRADES® Cobertura Chocolate Meio Amargo em banho-maria e acrescente o NESTLÉ® Creme de Leite.
7 Misture bem e reserve.

Montagem
8 Com auxílio de uma faca de serra, corte a massa em três partes, na horizontal.
9 Em um prato de servir, coloque uma das partes, cubra com uma camada de recheio, coloque outra parte de massa, cubra com mais um pouco de recheio, adicione as frutas e finalize com a última parte de massa, cobrindo todo o bolo com o restante do recheio.
10 Com cuidado, quebre os tabletes de KITKAT® em palitos e coloque-os, sempre na mesma posição, ao redor do bolo.
11 Finalize amarrando com uma fita de sua preferência.
12 Decore o topo do bolo com os morangos e as frutas vermelhas e leve à geladeira por 2 horas ou até o momento de servir.

Dica Se preferir um bolo mais úmido faça uma calda de açúcar para umedecer o bolo ou use uma de sua preferência.

Bolo de chocolate com brigadeiro

Preparo
1 hora e
10 minutos

Rendimento
20 porções

Assista ao vídeo
da receita

Ingredientes

Bolo

5 ovos
1 xícara (chá) de açúcar
1 xícara (chá) de Leite Líquido NINHO® Forti+ Integral
2 xícaras (chá) de farinha de trigo
meia xícara (chá) de NESTLÉ® DOIS FRADES® Chocolate em Pó 50%
1 colher (sopa) de fermento em pó

Recheio e Cobertura

2 Leite MOÇA® (lata ou caixinha) 395 g
2 colheres (sopa) de manteiga
meia xícara (chá) de NESTLÉ® DOIS FRADES® Chocolate em Pó 50%
meia xícara (chá) de chocolate granulado

Preparo

Bolo

1 Em uma batedeira, bata as claras em neve. Junte as gemas, uma a uma, e acrescente o açúcar. Despeje o Leite NINHO® aos poucos, sem parar de bater.
2 Desligue a batedeira, incorpore delicadamente a farinha de trigo peneirada com o NESTLÉ® DOIS FRADES® Chocolate em Pó 50% e o fermento em pó.
3 Despeje em uma forma redonda (28 cm de diâmetro) untada com manteiga e polvilhada com farinha de trigo e leve ao forno médio-alto (200°C), preaquecido, por cerca de 40 minutos.
4 Desenforme, deixe esfriar e corte-o ao meio.

Recheio e Cobertura

5 Em uma panela, misture o Leite MOÇA®, a manteiga e o NESTLÉ® DOIS FRADES® Chocolate em Pó 50%.
6 Leve ao fogo médio, mexendo sempre, por cerca de 6 minutos ou até formar um brigadeiro mole.
7 Recheie uma das partes do bolo com metade do brigadeiro, cubra com a outra metade da massa, e espalhe o restante do brigadeiro com uma espátula ou faca nas laterais e superfície do bolo.
8 Finalize com o chocolate granulado.

Bolo churros com recheio de doce de leite

Preparo
1 hora

Rendimento
20 porções

Assista ao vídeo da receita

Ingredientes

Recheio

2 latas de Leite MOÇA® 395 g

Massa

3 ovos
100 g de manteiga em temperatura ambiente
1 xícara (chá) de açúcar
2 xícaras (chá) de farinha de trigo
meia xícara (chá) de Leite Líquido NINHO® Forti+ Integral
1 colher (chá) de canela em pó
1 colher (sopa) de fermento em pó

Preparo

Recheio

1. Retire o rótulo e o excesso de cola das latas de Leite MOÇA®, coloque-as fechadas em uma panela de pressão e adicione água suficiente para cobri-las.
2. Tampe a panela e cozinhe em fogo médio por 15 minutos (contados após início da fervura).
3. Espere sair toda a pressão, abra a panela, retire as latas com cuidado e deixe-as esfriar antes de abri-las.
4. Transfira o conteúdo para um recipiente e misture para ficar homogêneo. Reserve.

Massa

5. Em uma batedeira, bata os ovos, a manteiga e o açúcar até ficar um creme fofo.
6. Desligue a batedeira e junte a farinha de trigo, o Leite NINHO®, a canela em pó e o fermento em pó e misture bem.
7. Coloque em uma forma redonda (20 cm de diâmetro) untada com manteiga e polvilhada com farinha de trigo e leve ao forno médio-alto (200°C), preaquecido, por cerca de 30 minutos.
8. Desenforme o bolo ainda morno, corte em 3 partes iguais e recheie com o Leite MOÇA® cozido, reservando uma parte para decorar.
9. Polvilhe com açúcar e canela em pó. Sirva.

Bolo de chocolate com morangos

Preparo
1 hora e 25 minutos

Rendimento
20 porções

Ingredientes

Massa

5 ovos
meia xícara (chá) de açúcar
1 xícara (chá) de farinha de trigo
3 colheres (sopa) de NESTLÉ® DOIS FRADES® Chocolate em Pó 50%
meia colher (sopa) de fermento em pó

Recheio e Cobertura

1 caixinha de morangos (300 g)
1 Leite MOÇA® (lata ou caixinha) 395 g
2 medidas (da lata ou caixinha) de Leite Líquido NINHO® Forti+ Integral
meia xícara (chá) de amido de milho
300 g de NESTLÉ® DOIS FRADES® Cobertura Chocolate Meio Amargo
1 lata de NESTLÉ® Creme de Leite

Preparo

Massa

1 Em uma batedeira, bata os ovos até dobrar de volume, acrescente o açúcar e bata bem. Desligue a batedeira, misture aos poucos e delicadamente a farinha de trigo, o NESTLÉ® DOIS FRADES® Chocolate em Pó 50% e o fermento em pó peneirados.
2 Coloque em uma forma redonda média (24 cm de diâmetro), untada com manteiga e polvilhada com farinha de trigo e leve ao forno médio-alto (200°C), preaquecido, por cerca de 40 minutos.

Recheio e Cobertura

3 Separe alguns morangos para a decoração, corte em fatias o restante e reserve.
4 Em uma panela, coloque o Leite MOÇA®, o Leite NINHO®, o amido de milho e leve ao fogo médio mexendo sempre até engrossar.
5 Retire do fogo, acrescente metade do NESTLÉ® DOIS FRADES® Cobertura Chocolate Meio Amargo e misture delicadamente até o chocolate derreter e incorporar ao creme.
6 Acrescente o NESTLÉ® Creme de Leite e misture até ficar homogêneo.
7 Com uma faca serrilhada, corte a massa do bolo em duas partes, recheie com metade do creme e com os morangos fatiados. Coloque a outra metade da massa e cubra a superfície e as laterais do bolo com o restante do creme.
8 Decore com o restante do NESTLÉ® DOIS FRADES® Cobertura Chocolate Meio Amargo ralado em ralo grosso e com os morangos inteiros reservados.

Dica Pare umedecer o bolo, utilize 2 colheres (sopa) do creme pronto diluído em 1 xícara (chá) de leite com 1 colher (sopa) de conhaque.

Bolo Prestígio de festa

Preparo
4 horas e 30 minutos

Rendimento
20 porções

Assista ao vídeo da receita

Ingredientes

Creme
3 claras
meia xícara (chá) de açúcar
1 lata de NESTLÉ® Creme de Leite
2 xícaras (chá) de coco seco em flocos

Massa
meia xícara (chá) de manteiga
1 e meia xícara (chá) de açúcar
6 gemas
1 e meia xícara (chá) de farinha de trigo
1 xícara (chá) de NESTLÉ® DOIS FRADES® Chocolate em Pó 50%
meia xícara (chá) de Leite Líquido NINHO® Forti+ Integral
meia colher (sopa) de fermento em pó
6 claras

Cobertura
1 lata de NESTLÉ® Creme de Leite
200 g de NESTLÉ® DOIS FRADES® Cobertura Chocolate Meio Amargo picado

Montagem
meia xícara (chá) de Leite Líquido NINHO® Forti+ Integral
2 colheres (sopa) de leite de coco

Preparo

Creme

1 Em uma panela, misture as claras e o açúcar e leve ao fogo baixo, mexendo vigorosamente sem parar, por cerca de 3 minutos, tirando a panela do fogo por alguns instantes a cada minuto, continuando a mexer, para não cozinhar.
2 Transfira para uma batedeira, e bata por 5 minutos ou até dobrar de volume e formar um marshmallow. Junte o NESTLÉ® Creme de Leite, o coco e misture delicadamente.
3 Cubra com plástico-filme e leve à geladeira até o momento de rechear o bolo.

Massa

4 Em uma batedeira, coloque a manteiga e o açúcar e bata até formar uma mistura esbranquiçada.
5 Junte as gemas, uma a uma, sem parar de bater até obter um creme homogêneo.
6 Desligue a batedeira e adicione a farinha de trigo e o NESTLÉ® DOIS FRADES® Chocolate em Pó 50%, aos poucos, intercalando com o Leite NINHO® e misture.
7 Por último, junte o fermento em pó e as claras batidas em neve, misturando delicadamente. Despeje em uma forma redonda (28 cm de diâmetro), untada com manteiga e polvilhada com farinha de trigo e leve ao forno médio (180°C), preaquecido, por cerca de 30 minutos.
8 Desenforme o bolo ainda quente e reserve.

Cobertura

9 Em um recipiente refratário, junte o NESTLÉ® Creme de Leite e o NESTLÉ® DOIS FRADES® Cobertura Chocolate Meio Amargo e leve ao fogo, em banho-maria, mexendo sempre até formar um creme liso e homogêneo.
10 Retire do fogo e reserve.

Montagem

11 Corte o bolo já frio em três partes, no sentido horizontal.
12 Forre uma forma redonda (28 cm de diâmetro) com plástico-filme, coloque uma das partes do bolo e umedeça com o Leite NINHO® misturado com o leite de coco.
13 Espalhe metade do creme de coco reservado, cubra com outra parte de bolo e volte a umedecer. Coloque o restante do creme e termine com a última camada de bolo.
14 Cubra com plástico-filme e leve para gelar por cerca de 3 horas.
15 Desenforme o bolo sobre um prato de servir, espalhe a cobertura, decore com coco ralado e raspas de chocolate e sirva em seguida.

Festas de fim de ano

Lombo suíno recheado com farofa de pão

Preparo
4 horas e 40 minutos

Rendimento
20 porções

Ingredientes

Lombo
1 lombo suíno aberto em manta (cerca de 2 kg)
1 colher (sopa) de azeite
suco de 2 laranjas
meia xícara (chá) de vinho branco
1 colher (sopa) de mostarda
3 tabletes de MAGGI® Caldo de Bacon
2 colheres (sopa) de açúcar mascavo
3 dentes de alho
1 fatia grossa de gengibre
meia xícara (chá) de folhas de hortelã

Farofa de Pão
2 colheres (sopa) de manteiga
1 cebola grande picada
1 xícara (chá) de vagem picada finamente
3 pães franceses torrados e ralados
5 castanhas-do-pará picadas
1 maçã com casca em cubos
meia xícara (chá) de uvas-passas brancas sem sementes
3 colheres (sopa) de cheiro-verde picado
1 pitada de sal

Molho
suco de 1 laranja
2 colheres (sopa) de manteiga
2 colheres (sopa) de farinha de trigo
1 pitada de sal
1 pitada de pimenta-do-reino

Preparo

Lombo
1 Em um recipiente, coloque o lombo aberto em manta, faça furos com uma faca ou garfo e reserve.
2 Em um liquidificador bata todos os ingredientes até formar uma mistura homogênea. Passe essa mistura por todo o lombo, dos dois lados.
3 Cubra com papel-alumínio e deixe tomar gosto em geladeira por cerca de 2 horas, virando na metade do tempo.

Farofa de Pão
4 Em uma panela aqueça a manteiga e refogue a cebola, até murchar. Acrescente a vagem e refogue rapidamente. Coloque o restante dos ingredientes e misture, até formar uma farofa úmida. Reserve.

Montagem
5 Em uma assadeira grande coloque o lombo, acrescente a farofa de pão e espalhe por toda a carne, deixando espaço nas bordas.
6 Enrole formando um rocambole, e amarre com um barbante de uso culinário, ou feche com espetos de madeira.
7 Em uma frigideira grande untada com azeite, sele o lombo de todos os lados.
8 Transfira-o novamente para a assadeira, untada também com azeite, e jogue o restante da marinada por cima.
9 Cubra com papel-alumínio e leve para assar em forno médio-alto (200°C), preaquecido, por cerca de 1 hora.
10 Retire o papel-alumínio e volte ao forno por cerca de mais 1 hora, ou até dourar. Corte em fatias e reserve aquecido.

Molho
11 Na mesma assadeira do lombo, acrescente o suco de laranja e deixe ferver para soltar o fundo. Acrescente a manteiga e a farinha de trigo, e misture até dourar. Adicione 1 xícara (chá) de água, o sal e a pimenta-do-reino, mexendo sempre, para não formar grumos, até engrossar.
12 Sirva sobre o lombo reservado.

Peru clássico

Preparo
3 horas e 30 minutos

Rendimento
15 porções

Assista ao vídeo da receita

Ingredientes

Peru

1 tablete de MAGGI® Caldo de Galinha
1 peru temperado descongelado (cerca de 4 kg)
1 xícara (chá) de vinho branco
meia xícara (chá) de suco de laranja
4 colheres (sopa) de manteiga

Molho Cítrico

1 colher (sopa) de farinha de trigo
meia colher (chá) de suco de limão-cravo
2 colheres (sopa) de suco de laranja
meia colher (chá) de MAGGI® Fondor

Preparo

Peru

1 Em um recipiente, dissolva o MAGGI® Caldo em meia xícara (chá) de água. Reserve.
2 Em uma assadeira, coloque o peru e tempere com o MAGGI® Caldo reservado.
3 Acrescente o vinho branco e o suco de laranja.
4 Cubra com papel-alumínio e leve à geladeira para tomar gosto por cerca de 30 minutos, virando na metade do tempo.
5 Retire da geladeira, e besunte todos os lados do peru com a manteiga.
6 Cubra com papel-alumínio novamente e leve ao forno médio-alto (200°C), preaquecido, por cerca de 1 hora e 30 minutos.
7 Retire o papel-alumínio, vire o peru com cuidado e deixe assar por mais 1 hora, regando com o caldo do cozimento que se forma na assadeira.
8 Depois de assado passe o peru para uma travessa de servir e reserve o caldo que se formou no cozimento na própria assadeira, para o preparo do molho.

Molho Cítrico

9 Em um recipiente, dissolva a farinha de trigo em meia xícara (chá) de água e adicione ao caldo do cozimento na assadeira.
10 Acrescente o suco de limão cravo, o suco de laranja e o MAGGI® Fondor e deixe ferver sobre a chama do fogão até engrossar.
11 Sirva em uma molheira à parte acompanhando o peru.

Dica Enquanto o peru estiver no forno, regue-o com o molho formado na assadeira. Isso deixará sua carne mais macia e úmida.

Salpicão de frango tradicional

Preparo
20 minutos

Rendimento
6 porções

Ingredientes

2 xícaras (chá) de frango cozido e desfiado
2 batatas cozidas e picadas
1 xícara (chá) de milho-verde
1 xícara (chá) de ervilha frescas
2 cenouras raladas
meia xícara (chá) de salsão picado
1 maçã, sem sementes, picada
meia xícara (chá) de uvas-passas pretas
3 colheres (sopa) de azeite
1 caixinha de NESTLÉ® Creme de Leite
1 colher (chá) de sal

Preparo

Em um recipiente, misture todos os ingredientes. Sirva frio.

Farofa festiva

Preparo
35 minutos

Rendimento
8 porções

Ingredientes

1 xícara (chá) de linguiça calabresa defumada em cubos pequenos
2 dentes de alho amassados
1 cebola média picada
1 pimentão vermelho pequeno em cubos pequenos
2 colheres (sopa) de manteiga
10 damascos picados
4 pães franceses amanhecidos e ralados
meia xícara (chá) de cheiro-verde picado
1 pimenta dedo-de-moça picada
2 colheres (sopa) de raspas da casca de limão-siciliano
2 colheres (chá) de MAGGI® Fondor

Preparo

1 Em uma panela doure a linguiça e reserve, desprezando o excesso de gordura.
2 Na mesma panela junte o alho, a cebola e o pimentão e refogue até que tenham amolecido.
3 Misture a manteiga, os damascos, a farinha de pão, o cheiro-verde, a pimenta dedo-de-moça, as raspas de limão e o MAGGI® Fondor. Sirva a seguir.

Dicas **1.** Se usar uma linguiça com pouca gordura, aqueça meia colher (chá) de azeite para dourá-la. **2.** Se necessário, coloque os pães rapidamente no micro-ondas ou no forno convencional para que fiquem mais crocantes antes de ralar.

Dicas **1.** A carne de porco deve ser sempre bem assada. Para saber se já está no ponto certo, fure-a com um espeto ou uma faca pontuda na parte mais carnuda do assado. Se a carne estiver no ponto, deverá verter um suco claro, sem nenhum tom rosado. **2.** Se necessário, acrescente mais 1 xícara (chá) de água ao pernil enquanto estiver assando.

Pernil aromático

Preparo
7 horas e
50 minutos

Rendimento
20 porções

Assista ao vídeo
da receita

Ingredientes

Pernil

1 peça de pernil pequena (cerca de 5 e meio kg)
1 xícara (chá) de vinho tinto seco
meia xícara (chá) de vinagre de vinho tinto
4 colheres (sopa) de MAGGI® Gril
1 folha de louro
2 colheres (sopa) de alecrim fresco
3 colheres (sopa) de azeite
8 dentes de alho inteiros
1 cebola grande cortada em pétalas
100 g de manteiga

Molho de Vinho e Especiarias

1 colher (sopa) de farinha de trigo
meia colher (chá) de MAGGI® Gril
meia xícara (chá) de vinho tinto seco
2 colheres (sopa) de suco de limão
2 anises-estrelados
4 cravos-da-índia

Preparo

Pernil

1 Limpe o pernil, conservando a capa de gordura que o envolve e coloque-o em uma assadeira.
2 Em um recipiente, misture o vinho, o vinagre, o MAGGI® Gril, o louro, o alecrim e o azeite e esfregue sobre todo o pernil.
3 Fure a carne várias vezes com a ponta de uma faca e coloque os dentes de alho nas perfurações. Acrescente a cebola sobre o pernil, cubra com papel-alumínio e leve à geladeira para tomar gosto por cerca de 3 horas, virando-o de vez em quando.
4 Retire da geladeira besunte a carne com a manteiga, cubra com papel-alumínio novamente e leve ao forno médio-alto (200°C), preaquecido, por cerca de 2 horas e 30 minutos. Retire o papel-alumínio, vire o pernil com cuidado e deixe assar por mais 2 horas, regando com o caldo do cozimento que se forma na assadeira.
5 Depois de assado, passe o pernil para uma travessa de servir e reserve o caldo que se formou no cozimento na própria assadeira, para o preparo do molho.

Molho de Vinho e Especiarias

6 Em um recipiente, dissolva a farinha de trigo em meia xícara (chá) de água e adicione ao caldo do cozimento na assadeira.
7 Acrescente o MAGGI® Gril, o vinho, o suco de limão, os anises-estrelados, os cravos-da-índia e deixe ferver sobre a chama do fogão até engrossar.
8 Retire os anises e os cravos e sirva em uma molheira à parte.

Salmão assado com tomates e brócolis

Preparo
2 horas

Rendimento
8 porções

Ingredientes

- 1,2 kg de salmão em um filé único
- 1 xícara (chá) de tomates-cereja cortados ao meio
- meio maço de brócolis
- 2 colheres (sopa) de raspas da casca de limão-siciliano
- suco de 1 limão-siciliano
- 2 envelopes de MAGGI® Tempero e Sabor Legumes
- meia colher (chá) de sal
- meia colher (chá) de pimenta-do-reino moída
- meia colher (sopa) de pimenta-rosa
- 2 colheres (sopa) de azeite
- 1 colher (sopa) de orégano fresco
- 1 colher (sopa) de sálvia em folhas
- 2 colheres (sopa) de extrato de tomate
- 1 xícara (chá) de castanhas-de-caju trituradas grosseiramente

Preparo

1 Em uma assadeira untada com azeite, coloque o peixe e arrume os tomates-cereja e os ramos de brócolis ao redor.

2 Tempere com as raspas e o suco de limão-siciliano, o MAGGI® Tempero e Sabor, o sal e as pimentas.

3 Cubra com papel-alumínio e deixe tomar gosto, em geladeira, por cerca de 1 hora.

4 Em um recipiente misture o azeite, as folhas de orégano e de sálvia, o extrato de tomate e as castanhas.

5 Passe essa mistura por toda a parte de cima do peixe, formando uma crosta, e leve para assar em forno médio-alto (200°C), preaquecido, por cerca de 30 minutos, coberto com papel-alumínio.

6 Retire o papel-alumínio e asse por mais 20 minutos, ou até o peixe ficar dourado e a crosta de castanhas crocante. Sirva.

Salada de batata com bacalhau e grão-de-bico

Preparo
20 minutos

Rendimento
8 porções

Ingredientes

300 g de bacalhau dessalgado, em lascas
1 e meia xícara (chá) de grão-de-bico cozido
meia xícara (chá) de palmito em rodelas
meia xícara (chá) de azeitonas pretas sem caroço
1 cebola em rodelas
4 colheres (sopa) de azeite
2 colheres (sopa) de vinagre
1 stick de MAGGI® Meu Segredo
3 batatas cozidas com casca, cortadas em meia-lua
2 ovos cozidos em rodelas
meia xícara (chá) de pimentão vermelho em tiras
meia xícara (chá) de salsa picada

Preparo

1. Em um recipiente, misture o bacalhau, o grão-de-bico, o palmito, as azeitonas e a cebola.
2. Tempere com o azeite, o vinagre e o MAGGI® Meu Segredo.
3. Acrescente as batatas, os ovos, o pimentão e salsa.
4. Misture delicadamente e reserve em geladeira até servir, para tomar gosto.

Arroz de festa com lentilhas

Preparo
1 hora

Rendimento
10 porções

Ingredientes

Arroz

1 xícara (chá) de lentilha
1 colher (sopa) de óleo
2 colheres (sopa) de cebola picada
1 dente de alho amassado
2 xícaras (chá) de arroz lavado e escorrido
2 sticks de MAGGI® Meu Segredo

Cebola Caramelizada

2 colheres (sopa) de açúcar
2 colheres (sopa) de manteiga
1 cebola grande em rodelas
2 colheres (sopa) de amêndoas laminadas torradas

Preparo

Arroz

1 Em uma panela cozinhe a lentilha com 4 e meia xícaras (chá) de água, até ficar al dente, por cerca de 10 minutos. Reserve a água do cozimento com a lentilha.
2 Na mesma panela, aqueça o óleo e doure a cebola e o alho.
3 Acrescente o arroz e refogue até ficar seco e brilhante. Junte a lentilha com a água do cozimento e o MAGGI® Meu Segredo. Acrescente 2 xícaras (chá) de água fervente.
4 Misture bem e cozinhe, em fogo baixo, por cerca de 15 minutos com a panela semitampada.
5 Retire do fogo e reserve aquecido.

Cebola Caramelizada

6 Em uma frigideira média derreta o açúcar até formar um caramelo claro. Acrescente a manteiga e junte as rodelas de cebola. Misture e deixe refogar até que estejam bem douradas e macias.
7 Sirva sobre o arroz com lentilhas reservado e polvilhe as amêndoas.

Chester com farofa de maçã

Preparo
6 horas e
40 minutos

Rendimento
12 porções

Ingredientes

Farofa
4 colheres (sopa) de manteiga
1 cebola grande picada
1 tablete de MAGGI® Caldo de Bacon
2 maçãs sem casca, picadas
2 xícaras (chá) de farinha de mandioca crua
100 g de amêndoas em lascas torradas
1 colher (sopa) de cebolinha verde picada

Chester
1 chester inteiro (cerca de 3 a 4 kg)
2 xícaras (chá) de vinho branco seco
1 colher (sopa) de molho de soja
2 colheres (sopa) de sal
2 cebolas em pétalas
50 g de manteiga
1 colher (sopa) de farinha de trigo

Preparo

Farofa
1 Em uma panela, aqueça a manteiga e refogue a cebola. Adicione o MAGGI® Caldo e mexa para dissolver bem. Acrescente as maçãs e a farinha de mandioca e mexa por mais 5 minutos.
2 Retire do fogo, acrescente as amêndoas e a cebolinha verde picada. Reserve.

Chester
3 Em um recipiente grande, misture o vinho, o molho de soja e o sal.
4 Mergulhe o chester nos temperos, cubra com papel-alumínio e deixe tomar gosto por cerca de 3 horas em geladeira.
5 Recheie o interior do chester com as cebolas e amarre as coxas da ave com um barbante de uso culinário. Besunte o chester com a manteiga e coloque-o em uma assadeira retangular grande (26 cm × 38 cm) com o peito voltado para baixo.
6 Cubra com papel-alumínio e leve ao forno médio (180°C), preaquecido, por cerca de 1 hora.
7 Vire o chester com o peito para cima, regue com o caldo que se forma na assadeira e volte ao forno por mais 1 hora.
8 Retire o papel-alumínio, regue com mais um pouco do tempero e deixe no forno até dourar.
9 Transfira o chester para uma travessa e arrume a farofa reservada.
10 Em um recipiente, dissolva a farinha de trigo em 1 xícara (chá) de água e adicione ao caldo de cozimento na assadeira. Deixe ferver sobre a chama do fogão até engrossar.
11 Sirva em uma molheira à parte.

Dicas 1. Comece a assar o chester com o peito voltado para baixo pois evita que resseque e, mantendo-o em contato com o molho, fica mais saboroso. **2.** Se preferir, substitua as maçãs por peras e as amêndoas por nozes picadas.

Pavê com creme de maracujá e de chocolate com pêssego

Preparo
30 minutos

Rendimento
10 porções

Ingredientes

Creme de Maracujá
1 lata de MOÇA® de Colher
3 colheres (sopa) de suco de maracujá concentrado

Creme de Chocolate
2 xícaras (chá) de Leite Líquido NINHO® Forti+ Integral
3 colheres (sopa) de NESTLÉ® DOIS FRADES® Chocolate em Pó 50%
2 colheres (sopa) de amido de milho
5 colheres (sopa) de açúcar
2 pêssegos sem casca, picados

Montagem
1 e meio pacote de biscoito tipo champanhe (225 g)
1 pêssego em fatias
3 figos cortados ao meio
4 nozes cortadas ao meio

Preparo

Creme de Maracujá
1 Em um recipiente misture o MOÇA® de Colher com o suco de maracujá. Reserve.

Creme de Chocolate
2 Em uma panela misture todos os ingredientes, exceto o pêssego, e leve ao fogo baixo por cerca de 3 minutos, após ferver, ou até engrossar, mexendo sempre para não formar grumos. Reserve até esfriar e depois misture os pêssegos.

Montagem
3 Em uma travessa ou prato retangular, faça uma camada de 9 biscoitos champanhe, cubra com o creme de chocolate e pêssegos, reservando 3 colheres (sopa).
4 Faça outra camada com a mesma quantidade de biscoitos, no sentido contrário da primeira camada, e cubra com o creme de maracujá, reservando 3 colheres (sopa).
5 Faça uma última camada de biscoitos, novamente no sentido contrário da camada anterior. Cubra com o creme de maracujá reservado e finalize com o restante do creme de chocolate.
6 Decore com os pêssegos, os figos e as nozes e reserve em geladeira.
7 No momento de servir, polvilhe com açúcar de confeiteiro.

Dica Se desejar use pêssegos em calda picados no lugar do pêssego fresco.

Dica Para decorar a torta, utilize a fruta de sua preferência.

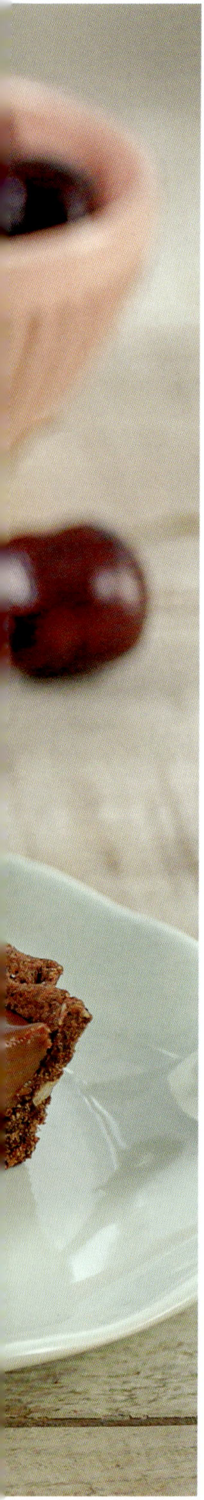

Torta de brigadeiro com cerejas

Preparo
1 hora

Rendimento
12 porções

Assista ao vídeo da receita

Ingredientes

Massa

1 e meia xícara (chá) de farinha de trigo
meia xícara (chá) de NESTLÉ® DOIS FRADES® Chocolate em Pó 50%
4 colheres (sopa) de avelãs torradas e trituradas
1 pitada de sal
1 ovo
100 g de manteiga em temperatura ambiente

Recheio de Brigadeiro

1 Leite MOÇA® (lata ou caixinha) 395 g
100 g de NESTLÉ® DOIS FRADES® Cobertura Chocolate Meio Amargo
1 colher (sopa) de manteiga
1 lata de NESTLÉ® Creme de Leite

Montagem

1 xícara (chá) de cerejas

Preparo

Massa

1 Em um recipiente coloque a farinha de trigo, o NESTLÉ® DOIS FRADES® Chocolate em Pó 50%, as avelãs e o sal. Junte o ovo e a manteiga.
2 Misture e trabalhe com a ponta dos dedos até obter uma massa homogênea.
3 Forre o fundo e os laterais de uma forma de aro removível (24 cm de diâmetro), fure a massa com o auxílio de um garfo e leve ao forno médio-alto (200°C), preaquecido, por cerca de 20 minutos ou até dourar. Reserve.

Recheio de Brigadeiro

4 Em uma panela, coloque o Leite MOÇA®, o NESTLÉ® DOIS FRADES® Cobertura Chocolate Meio Amargo e a manteiga. Misture bem e leve ao fogo médio, por cerca de 6 minutos ou até desgrudar do fundo da panela.
5 Desligue o fogo, junte o NESTLÉ® Creme de Leite e misture bem.

Montagem

6 Distribua o recheio de brigadeiro já frio sobre a massa reservada e decore com as cerejas. Sirva gelado.

Rabanadas especiais

Preparo
40 minutos

Rendimento
20 rabanadas

Ingredientes

1 Leite MOÇA® (lata ou caixinha) 395g
1 colher (chá) de essência de baunilha
20 fatias de pão francês, amanhecidas
3 ovos
óleo para fritar
açúcar e canela em pó para polvilhar

Preparo

1. Em um recipiente, misture bem o Leite MOÇA® com 1 xícara (chá) de água e a essência de baunilha.
2. Mergulhe cada fatia de pão nessa mistura, deixe embeber e escorra o excesso com um garfo.
3. Em seguida, passe as fatias nos ovos batidos.
4. Escorra e frite-as no óleo não muito quente, deixando-as dourar por igual.
5. Escorra em papel absorvente, polvilhe açúcar e canela e sirva.

Mil-folhas com recheio de creme e pêssegos

Preparo
2 horas e
40 minutos

Rendimento
18 unidades

Ingredientes

Massa
2 pacotes de massa folhada laminada (600 g)
2 colheres (sopa) de manteiga

Recheio
1 Leite MOÇA® (lata ou caixinha) 395 g
2 xícaras (chá) de Leite Líquido NINHO® Forti+ Integral
4 colheres (sopa) de amido de milho
2 gemas
meia colher (chá) de essência de baunilha

Montagem
8 pêssegos em calda, escorridos e picados
pistache e açúcar de confeiteiro para decorar

Preparo

Massa
1 Em uma superfície limpa, abra a massa e pincele com a manteiga.
2 Corte em retângulos (5 cm × 10 cm) e coloque em uma assadeira.
3 Leve ao forno médio (180°C), preaquecido, por cerca de 15 minutos ou até dourar. Reserve.

Recheio
4 Em uma panela misture todos os ingredientes e leve ao fogo baixo, mexendo sempre, até ferver. Cozinhe por cerca de 5 minutos ou até obter um creme consistente.
5 Retire do fogo e deixe esfriar. Transfira para um saco de confeitar e reserve.

Montagem
5 Coloque porções do recheio por cima dos retângulos de massa reservados, cubra com o pêssego e finalize com outro retângulo de massa folhada.
6 Leve à geladeira por cerca de 2 horas.
7 Decore com um pouco do recheio, com as fatias de pêssego e sirva polvilhado com o açúcar de confeiteiro e com o pistache.

Dica Se desejar substitua o pêssego em calda por pêssego fresco.

Merengue de chocolate com frutas de estação

Preparo
30 minutos

Rendimento
12 porções

Ingredientes

Merengue

4 claras
1 xícara (chá) de açúcar
1 colher (chá) de amido de milho
3 colheres (sopa) de NESTLÉ® DOIS FRADES® Chocolate em Pó 50%

Recheio e Finalização

1 e meia xícara (chá) de Leite Líquido NINHO® Forti+ Integral
1 colher (sopa) de amido de milho
230 g de NESTLÉ® DOIS FRADES® Cobertura Chocolate Meio Amargo
frutas da época, para decorar (figos, uvas sem caroço, nectarinas, ameixa fresca, etc.)

Preparo

Merengue

1 Forre uma assadeira grande, de bordas baixas com papel-manteiga de uso culinário e marque um círculo de 22 cm de diâmetro.
2 Em uma panela, misture as claras e o açúcar e leve ao fogo baixo, mexendo vigorosamente sem parar, por cerca de 3 minutos, tirando a panela do fogo por alguns instantes a cada minuto, continuando a mexer para não cozinhar.
3 Transfira para uma batedeira e bata até dobrar de volume e formar um merengue consistente. Misture delicadamente, aos poucos, o amido de milho e o NESTLÉ® DOIS FRADES® Chocolate em Pó 50%.
4 Coloque a mistura sobre o papel-manteiga e, com auxílio de uma colher grande, preencha o círculo, abrindo uma cavidade, levemente mais funda, no centro.
5 Leve para assar em forno baixo (160°C), preaquecido, por cerca de 1 hora ou até que esteja seco por fora.
6 Deligue o forno e deixe que esfrie lá dentro, com a porta entreaberta.

Recheio e Finalização

7 Em uma panela misture Leite NINHO®, o amido de milho, o NESTLÉ® DOIS FRADES® Cobertura Chocolate Meio Amargo e leve ao fogo baixo, mexendo sempre, até engrossar.
8 Retire do fogo, espere esfriar, coloque o recheio sobre o merengue já frio e cubra com as frutas.

Semifredo

Assista ao vídeo da receita

Preparo
4 horas e 30 minutos

Rendimento
14 porções

Ingredientes

Crocante de Amêndoas

meia xícara (chá) de açúcar
1 colher (sopa) de manteiga
meia xícara (chá) de amêndoas em lascas

Semifredo

230 g de NESTLÉ® DOIS FRADES® Cobertura Chocolate Branco
1 caixinha de NESTLÉ® Creme de Leite
3 claras
meia xícara (chá) de açúcar

Montagem

200 g de framboesas ou cerejas frescas sem caroço
framboesas ou cerejas frescas para decorar

Preparo

Crocante de Amêndoas

1 Em uma panela derreta o açúcar em fogo baixo, mexendo suavemente até que esteja caramelizado. Junte a manteiga e as amêndoas e misture.
2 Despeje sobre uma superfície de mármore untada com manteiga e deixe esfriar.
3 Com o auxílio de uma espátula retire o crocante do mármore, coloque em um saco plástico próprio para alimentos, feche bem e passe um rolo de massa por cima, para triturar. Reserve.

Semifredo

4 Em um recipiente refratário, derreta o NESTLÉ® DOIS FRADES® Cobertura Chocolate Branco em banho-maria, acrescente o NESTLÉ® Creme de Leite misturando bem, e reserve.
5 Em uma panela, misture as claras e o açúcar e leve ao fogo baixo, mexendo vigorosamente sem parar, por cerca de 3 minutos, tirando a panela do fogo por alguns instantes a cada minuto, continuando a mexer, para não cozinhar.
6 Transfira para uma batedeira, bata por 5 minutos ou até dobrar de volume e misture delicadamente com o creme de chocolate branco reservado.

Montagem

7 Adicione o crocante (reservando um pouco para decoração), as framboesas e misture delicadamente.
8 Coloque em uma forma para bolo inglês (25 cm × 9 cm × 7 cm) untada com óleo e forrada com plástico-filme e alise bem.
9 Cubra com plástico-filme e leve ao freezer por pelo menos 4 horas.
10 No momento de servir retire do freezer, desenforme, decore com as frutas e o crocante reservado.

Índice alfabético

Salgados

Doces

Copyright © Nestlé Brasil Ltda.
Copyright desta edição © 2020 Alaúde Editorial Ltda.

Todos os direitos reservados. Nenhuma parte desta edição pode ser utilizada ou reproduzida – em qualquer meio ou forma, seja mecânico ou eletrônico –, nem apropriada ou estocada em sistema de banco de dados sem a expressa autorização da editora.

O texto deste livro foi fixado conforme o acordo ortográfico vigente no Brasil desde 1º de janeiro de 2009.

Equipe Receitas Nestlé
Frank Pflaumer, Rafael Nadale, Luciana Buzolin, Daniela Marques, Catarina Vurraro, Cintia Kichise, Mariana Rocha, Beatriz Capuchi, Miriam Chagas, Gentil Mendonça, Lucas Fabozzi, Matheus Lima, Isabella Eleuterio e Giuliana Anelli

Fotografias
Bruno Geraldi: 32, 64, 117, 259, 290
Carol Gheradi: 23, 28, 40, 70, 92, 138, 142, 215, 222, 239, 266
Edu Delfim: 136, 206
Iara Venanzi: 80, 109, 112, 154, 208, 216, 252, 255, 270, 273, 276, 278, 281, 282, 285, 289, 294, 296, 298
Luna Garcia: 140
Marcelo Resende: 19, 20, 26, 27, 29, 30, 34, 36, 44, 46, 49, 51, 52, 54, 61, 77, 78, 86, 88, 89, 90, 94, 96, 106, 119, 120, 122, 124, 130, 134, 144, 147, 152, 158, 160, 165, 166, 171, 174, 176, 184, 186, 192, 194, 198, 202, 210, 212, 218, 228, 246, 250, 256, 262, 265, 275, 286
Sheila Oliveira: 24, 43, 48, 56, 59, 62, 66, 73, 74, 82, 85, 100, 103, 105, 110, 114, 127, 133, 148, 156, 162, 168, 179, 180, 182, 188, 191, 196, 200, 220, 224, 226, 230, 233, 234, 240, 242, 244, 249, 260, 292

Produção editorial: Editora Alaúde
Coordenação editorial Bia Nunes de Sousa
Assistente editorial Mariana Correia Santos
Produção gráfica: Cesar Godoy
Projeto gráfico de capa e miolo: Jamile Santiago (All Set Comunicação)
Diagramação: Gabriela Castro (Bloco Gráfico)

1ª edição, 2020. Impresso no Brasil.

Dados Internacionais de Catalogação na Publicação (CIP)
(Câmara Brasileira do Livro, SP, Brasil)

Comida caseira - Mais de 100 receitas clássicas e modernas criadas e testadas para você / [organização Equipe Receitas Nestlé ; coordenação Bia Nunes de Sousa]. -- 1. ed. -- São Paulo : Alaúde Editorial, 2020.

ISBN 978-65-86049-15-2

1. Culinária 2. Doces (Culinária) 3. Gastronomia 4. Nestlé - Indústria e comércio - História 5. Receitas (Culinária) 6. Salgados (Culinária) I. Equipe Receitas Nestlé. II. Sousa, Bia Nunes de.

20-46690 CDD-641.5

Índices para catálogo sistemático:
1. Receitas : Culinária : Economia doméstica 641.5
Maria Alice Ferreira - Bibliotecária - CRB-8/7964

2020
Alaúde Editorial Ltda.
Avenida Paulista, 1337, conjunto 11, Bela Vista
São Paulo, SP, 01311-200 / Tel.: (11) 3146-9700
www.alaude.com.br